Theodor Much

Interview mit Gott

AF239124

Meiner jüngsten Enkelin Ella Hilda Ventura gewidmet

Theodor Much

Interview mit Gott

Satirisch-utopische Essays

Alibri

2024

Theodor Much wurde 1942 in Tel Aviv geboren; 1956 kehrten seine Eltern nach Wien zurück. Nach einem Studium der Medizin war er am Hanusch-Krankenhaus Wien tätig. Von 1990 bis 2020 war er Präsident der jüdisch-liberalen Gemeinde *Or Chadasch* (Neues Licht) Wien und im interkonfessionellen Dialog tätig. Neben Fachpublikationen veröffentlichte er zahlreiche politische und literarische Schriften.

Alibri Verlag

www.alibri.de

Aschaffenburg

Mitglied in der Assoziation Linker Verlage (aLiVe)

Zweite, korrigierte Auflage 2024

Copyright 2023 by Alibri Verlag, Postfach 100 361, 63703 Aschaffenburg

Umschlaggestaltung: Claus Sterneck
unter Verwendung von Abbildungen von © Vieriu Adrian / Dreamstime.com und © Aleksandar Hubenov / Dreamstime.com
Druck und Verarbeitung: druk-24h, Białystok

ISBN 978-3-86569-370-9

Inhaltsverzeichnis

Vorwort

In Zeiten, in denen Karikaturen über den Propheten Mohammed weltweit zu brennenden europäischen Flaggen, Botschaften und Kulturinstitutionen führen, in Zeiten, in denen wegen zeichnerischer Verspottung des muslimischen Glaubens sogar Menschen ermordet wurden, müsste man sich Sorgen machen um die Sicherheit Österreichs, österreichischer Einrichtungen und ja, sogar um das Privathaus des Autors.

Denn die subversiven Geschichten rund um die Bibel, oder besser: rund um die jüdische Thora, könnten, nein, müssten jüdische Fundamentalisten weltweit auf den Plan rufen, allen voran die vielen Anhänger und Mitglieder der orthodoxen Schas-Partei in Israel, deren geistiges Oberhaupt, Rabbi Ovadia Josef, mehr als einmal als „Vorbild" für fanatischen Irrsinn bei Theodor Much herhalten muss.

Und wen wundert's? Der im Jahr 2013 verstorbene Rabbi Ovadia Josef, gewiss einer der größten Talmudgelehrten, hat sich durch menschenverachtende und rassistische Äußerungen mehr als einmal hervorgetan und könnte so manchen muslimischen oder christlichen Fundamentalisten als „Bruder im Geiste" erkennen. Auschwitz als Strafe Gottes für sündige Juden zu „begreifen", Palästinenser als „Betriebsunfall" des göttlichen Schöpfungsprozesses zu interpretieren und sie mit Synonymen aus der kriechenden Tierwelt zu versehen, das zeugt wahrlich nicht vom humanistischen Geist, der den jüdischen Schriften innewohnt.

Und genau hier setzen Theodor Muchs Geschichten an. Was vordergründig als Veräppelung der Thora erscheinen mag, ist nichts anderes als ein verzweifelter Aufschrei gegen die Pervertierung der heiligen Schriften durch kleinkarierte, selbsternannte Frömmler diverser Konfessionen, die in ihrer manischen Gefolgschaft gegenüber dem, was sie für „göttlich" halten, das menschliche Augenmaß, den „common sense", verloren haben (vorausgesetzt, sie hätten ihn je gehabt).

Der Autor liebt die Thora: als großartiges Buch über das menschliche Ringen um den Sinn des Lebens; als Versuch, den richtigen, „mittleren" Weg im alltäglichen zu finden; als Anleitung für ethische Normen, die das Leben auf unserem Planeten, der wahrlich alles andere als paradiesisch ist, erträglicher machen sollen. Und er hasst all diejenigen, die mit ihrem Ausschließlichkeitsanspruch diese Welt zur absoluten Hölle machen.

„Wo ist der Mensch geblieben?", fragt ein genervter, ungeduldiger Gott im *Interview mit Gott*. Wo ist der Mensch geblieben – das ist die zentrale Frage aller hier versammelten Texte. Eine Frage, die Gott bereits in der Thora vor tausenden von Jahren gestellt und die heute nichts an Aktualität und Brisanz verloren hat.

Wo ist der Mensch geblieben? In Auschwitz damals, ebenso wie heute im Nahen Osten, in Teheran, Tschetschenien, China, Ruanda, Russland, der Ukraine, aber auch in manchen westlichen Städten und überall dort, wo Menschen miteinander leben wollen oder müssen.

Wahrlich kann man diese Welt des 21. Jahrhunderts nur mit einer Portion Spott und Ironie ertragen, so wie Theodor Much dies in seinen Geschichten vormacht.

Und er kann sich sicher sein, das weder Österreich noch sein eigenes Haus in Flammen aufgehen werden. Die jüdischen Fundamentalisten (die eine Minderheit im Judentum ausmachen) haben den globalen Kampf gegen alle „Ungläubigen" und die Mission Andersgläubiger nicht auf ihren Banner geschrieben. Dazu sind sie zu hochmütig – sie nehmen ihre Gegner nicht ernst, gestehen ihnen keine Gleichwertigkeit zu. Das ist in der Sache grauenvoll, in der Realität freilich angenehmer als der Fundamentalismus vieler anderer Gruppen. Und es wäre auch schwierig für jüdische Fundis, gegen Theodor Much loszuziehen, denn dieser bedient sich einer urjüdischen Waffe: des Humors und der Selbstironie, die dem jüdischen Volk in schwierigsten Zeiten noch stets geholfen hat, irgendwie zu überleben. Auch Theodor Much möchte im Auge des Sturms überleben. Und versucht seinen Lesern einen kleinen Weg zu weisen, wie dies möglich sein könnte. Das ist ein großes Anliegen, aber es geht schließlich um viel, um die Bewahrung der menschlichen Vernunft. Dafür lohnt es sich zu kämpfen. Und wenn man dabei noch schmunzeln kann – was will man mehr?

Richard Chaim Schneider
(Journalist, Autor, Dokumentarfilmer, ehemals Leiter der ARD-Studios in Tel Aviv und Rom)

Ein Interview mit Gott

*„Das Leben ist ungerecht, aber
denke daran: nicht immer zu deinen Ungunsten" (J. F. Kennedy)*

Vorwort

Zeitlebens habe ich nie, auch nicht für einen kurzen Moment, an die Existenz und der Gerechtigkeit
des lieben Gottes gezweifelt. Brav besuchte ich seine
Gotteshäuser, bewunderte die ergebenen Diener des
Herrn, die selbstlos ihr Leben nur ihm weihen und
uns mit sanften Worten von seiner großen Gerechtigkeit und unendlichen Güte erzählen, spendete Geld für
karitative Zwecke, lebte nach den strikten Regeln des
Glaubens, wählte nur die Parteien der Gottesfürchtigen
und verachtete Ungläubige und noch mehr alle in Sünde Lebenden. Warum ich also eines Tages anfing am
Herrn zu zweifeln und zum Skeptiker wurde, weiß nur
der große Verführer selbst, dessen Namen ich nicht zu
Papier bringen will.

Doch eines Tages waren die Zweifel da, und ich begann ernsthaft über Gott und seine Welt nachzudenken.
Da ich mit all meinen Zweifeln allein war, beschloss
ich – nach anfänglichem Zögern – mich mit einigen
intelligenten und kritischen Fragen direkt an den Herrn
zu wenden.

Ich setzte mich also hin und formulierte folgenden Brief:

Sehr geehrter, lieber Gott, Baden, 1. April 2008

Mein Name ist Theodor Much. Ich wohne seit 30 Jahren im bekannten Thermenort Baden bei Wien. Diese Kleinstadt wurde, wie Dir sicher bekannt ist, von den Römern gegründet und ist, auch wegen der hervorragenden Weine, die in unserer Region hergestellt werden, als Wohnort sehr zu empfehlen.

Baden ist auch eine Kurstadt, in der an jeder Ecke bestens ausgebildete Wohltäter der Menschheit praktizieren. Das kommt unserer etwas überalterten Bevölkerung sehr zu Gute, die dadurch mit allen lebensnotwendigen Medikamenten – wie etwa Niagra, Vitaminpräparaten und Homöopathika – bestens versorgt wird. Es wird Dir auch sicher nicht entgangen sein, dass die meisten Bewohner von Baden Deine Partei – die österreichische Volkspartei – treu und ergeben wählen und das seit Jahrzehnten. Dass sie vor 70 Jahren irrtümlich anstelle der Farbe schwarz eine braune Farbe bevorzugten, hast Du ihnen sicher längst vergeben. Ich gehe natürlich davon aus, dass alles, was ich hier erwähne, Dir und Deinem Team nicht entgangen ist und Du daher einem einfachen Einwohner dieser entzückenden Stadt einige weltbewegende Fragen, die ihm sehr am Herzen liegen, beantworten wirst.

Bitte lieber Gott, lass mich bald wissen, ob ich Dir diese Fragen per Post schicken darf. Ich verbleibe mit größter Hochachtung

Dein sehr ergebener

Theodor Much   Baden bei Wien, Heiligenweg 13

Kapitel 1: Kontaktnahme

Mit diesem Brief begab ich mich in das Badener Postamt und überreichte der stets freundlich lächelnden,
leicht übergewichtigen und kurzatmigen Schalterbe-
amtin mein Schreiben an den lieben Gott, verbunden
mit der höflichen Bitte, seine korrekte Adresse aus-
findig zu machen. Da der Beamtin, zu meinem Leidwesen, die genaue Anschrift des lieben Gottes nicht
bekannt war, meinte Sie, ich sollte den Brief mit 1,90
Euro frankieren – so viel bezahlt man für einen Brief
von Baden nach Australien, dem Kontinent am Ende
der Welt – und um die richtige Adresse würde sie sich
schon noch kümmern. Ich zahlte dankbar und machte
mich beschwingten Schrittes auf den Weg zum nächsten Heurigen – so bezeichnet man bei uns die weltbe-
kannten Weinlokale unserer Region.

Geduldig wartete ich dann viele Wochen auf eine
himmlische Antwort, doch zunächst erhielt ich kein
an mich adressiertes Schreiben des lieben Gottes. Erst
nachdem weitere drei Monate vergangen waren, wurde
mir mein Brief mit dem Vermerk „Adressat unbekannt"
von der Post retourniert. Die Enttäuschung war natürlich groß. Doch zäh wie ich bin, gab ich mein Vorhaben
natürlich nicht auf.

Ich verfasste daher erneut ein Schreiben, dieses Mal
an zwei Persönlichkeiten, die meiner Ansicht nach die
korrekte Adresse des lieben Gottes kennen sollten. In
diesen Briefen bat ich sowohl seine Heiligkeit Papst
Benedikt XVI im Vatikan, der in seiner großen Weisheit die Exkommunikation des Holocaustleugners Bruder Williamson aufgehoben hat, als auch den weisen
Rabbi Ovadia Josef – geistiges Oberhaupt der heili-

gen Schas-Partei in Israel –, mir die Postadresse des lieben Gottes zu verraten. Rabbi Ovadia Josef schien mir der richtige Adressat meiner Fragen zu sein. Denn seine erhabenen Gedanken entzücken seit vielen Jahren die gesamte Bevölkerung des heiligen Landes und alle wahren Gläubigen weltweit. Berühmt sind viele seiner Sprüche, wie etwa: „Am heiligen Schabbat ist Nasebohren verboten, genauso wie die Anwendung eines Fliegensprays, außer man zielt nicht direkt auf das Insekt"; „Bäume, die neben Synagogen stehen, müssen gefällt werden, denn es besteht die Gefahr, dass Synagogenbesucher sich gegen Bäume lehnen und dadurch das Herabfallen von Blättern bewirken – eine Tätigkeit, die am Schabbat streng verboten ist"; „Frauen müssen auch schwerbehinderte Kinder zur Welt bringen"; „Ärzte, die auf Wunsch von Eltern Embryonen auf genetische Defekte untersuchen, sind unwissende Tiere und Seelentöter"; „Wählern der Schas-Partei ist ein Platz im Paradies sicher"; „eine Frau, die nicht kochen kann, ist ein Krüppel"; „Frauen, die ein Gebetstuch tragen, sollen lebendig begraben werden"; und „sämtliche sechs Millionen jüdischen Holocaustopfer waren eine Wiedergeburt von Seelen ehemaliger Sünder, Subjekte, die in ihrem frühen Leben schlimme Dinge – wie Tänze um das goldene Kalb – vollführten und nur deswegen wiedergeboren wurden, um ihre Sünden auf Erden abzubüßen". Dieser weltbewegende Satz wurde sogar vom größten Führer aller Zeiten, der sich aus der zehnten Dimension zu Wort meldete, mit der Bemerkung kommentiert, „dass er durch die Vorsehung dazu inspiriert wurde, alles menschenmögliche zu unternehmen, um das sündige jüdische Volk für seine Schlechtigkeit büßen zu lassen".

Schon nach kurzer Zeit – es vergingen lediglich zwei Wochen – traf die erste Antwort ein. Es war ein persönlicher Brief des Papstes, in dem er mir versicherte die Postadresse des lieben Gottes zu kennen, da er ja täglich mit ihm in Kontakt stehe, doch bedauerlicherweise sei es ihm nicht gestattet, diese Auskunft an Außenstehende weiterzuleiten. Er fügte noch freundlich hinzu, „dass er mir trotzdem in all meinen Bemühungen alles Gute und Gottes Segen wünsche".

Vom weisen Rabbiner Ovadia Josef erhielt ich zu meinem Leidwesen nie eine Antwort, vielleicht auch deswegen, weil ich in meinem an ihn adressierten Schreiben die Tatsache zu erwähnen vergaß, dass ich einer seiner weltweit größten Bewunderer bin.

Doch auch zu diesem Zeitpunkt gab ich nicht auf. Meine nächste Anfrage erging an Präsidenten George Bush im Weißen Haus in Washington. Dieses Mal vergaß ich nicht zu betonen, wie sehr ich ihn und seine republikanische Partei schätze und, dass ich seinen Kampf gegen Schurkenstaaten und jede Form der Sünde – wie Abtreibung, Alkoholkonsum und voreheliche Sex – stets unterstützt habe.

Dieses Mal wurde ich nicht enttäuscht. In seinem Antwortschreiben, das mich nach nur 13 Tagen in Baden erreichte, bedankte sich Präsident Bush überschwänglich für meine moralische Unterstützung, lud mich ein, bei meinem nächsten USA-Besuch mit ihm eine Runde Golf zu spielen und verriet mir die Adresse des lieben Gottes, mit dem er – wie er ausdrücklich betonte – tagtäglich korrespondiere. Diese Mitteilung war allerdings mit der Bedingung verknüpft, die Adresse des lieben Gottes für mich zu behalten und nur im Notfall an Gleichgesinnte weiterzuleiten. Da ich die dringliche Bitte des Präsidenten der USA respektieren will, werde ich in meinem Bericht die Postadresse des Allmächtigen nicht öffentlich bekannt geben.

Kapitel 2: Briefwechsel

Am 15.7.2008 setzte ich mich an meinen Computer und verfasste nochmals einen Brief an den lieben Gott. Das Schreiben lautete nun folgendermaßen:

Baden, 15. Juli 2008

Sehr geehrter lieber Gott,

Mein Name ist … (hier wiederholte ich die Vorstellung meiner Person, die ich in meinem ersten Brief bereits formulierte). Deine Adresse erhielt ich durch den Dir sicherlich nicht unbekannten George Bush, dem derzeitigen Präsidenten der USA, den ich über alle Maßen verehre.

Lieber Gott,

Ich habe lange über Dich und Dein Universum nachgedacht, und je mehr ich mich um Verständnis für Deine Handlungen in unserer Welt bemühe, desto schwieriger fällt es mir, Dich zu verstehen.

Bitte verzeihe mir meine Dreistigkeit und offene Ausdrucksweise, doch ich will mit Dir ehrlich reden, selbst wenn ich deswegen zu einem späteren Zeitpunkt, mit einem Höllenaufenthalt bestraft werden sollte. Falls Du bereit bist, meine Fragen zu beantworten, dann bitte lasse mich das bald wissen.

Dein sehr ergebener Diener

Theodor Much (Planet Sol-3, Heiligenweg 13, Baden bei Wien, Austria)

Noch am selben Tag steckte ich den Brief in ein hellblaues Kuvert, frankierte den Brief mit einer 1,40 Euro-Briefmarke und gab ihn am Badener Postamt auf.

Zwei Wochen später erhielt ich einen an mich adressierten Brief. Das blau-weiß gestreifte Kuvert bestand offensichtlich nicht aus Papier, sondern aus einem mir unbekannten seidenartigen Material. Der Namen des Absenders war wegen der verwackelten Schrift nicht identifizierbar, doch der Absendeort war eindeutig lesbar. In Blockbuchstaben stand klar und deutlich: Absender: „Himmelsverwaltung: Abteilung für interplanetarische Beziehungen."

Mit zitternden Händen riss ich den Umschlag auf, um die Antwort des Himmels zu erfahren. Ich las:

Himmel, 28. Sivan – Tammuz 5768

Sehr geehrte Herr Much,

Ich bedanke mich für Ihr Schreiben vom 15.7.2008 (12. Sivan – Tammuz 5768, laut himmlischer Zeitrechnung) und entschuldige mich dafür, dass ich Ihr wertes Schreiben aufgrund von Arbeitsüberlastung erst heute beantworten kann.

Leider ist es mir nicht möglich, Ihr wertes Schreiben an unseren verehrten Chef weiterzuleiten. Das liegt daran, dass unser Chef – von Ihnen als „lieber Gott" tituliert – sich derzeit nicht bei uns befindet.

Es ist mir äußerst peinlich, Ihnen einzugestehen, dass Ihr „lieber Gott" sich vor genau 1938 irdischen Jahren – nach der Zerstörung des Zweiten Tempels zu Jerusalem durch die Römer – auf eine Dienstreise durch das Universum begab und seither im Himmel nicht mehr gesehen wurde. Ich bitte Sie diese vertrauliche Nachricht für sich zu behalten.

Haben Sie ihn vielleicht irgendwo auf Ihrem Planeten gesichtet? Wenn ja, dann bitte ich Sie, uns davon sofort Mitteilung zu machen. Trotzdem wollen wir Ihnen entgegenkommen und Ihre Fragen von unseren zuständigen Experten beantworten lassen.

Also bitte senden Sie Ihre Anfragen direkt an mein Büro.

Mit himmlischen Grüßen

Ihr

Petrus (Sekretär des Herrn)

Hocherfreut über die persönliche Nachricht und gleichzeitig tief betroffen vom Inhalt der Mitteilung, beschloss ich sogleich, meine Fragen an den lieben Gott zu formulieren und schrieb folgenden Brief an Sekretär Petrus:

Baden, 31. Juli 2008

Sehr geehrter Sekretär Petrus,

Vielen Dank für Ihr Schreiben vom 28. Sivan – Tammuz 5768.

Die Nachricht vom Verschwinden des lieben Gottes hat mich überrascht und tief getroffen. Leider habe auch ich den lieben Gott in Baden bisher nicht gesichtet, doch ich werde mich unter meinen Bekannten und auch bei den österreichischen Behörden und Geistlichen aller Konfessionen umhören.

Ich bitte Sie, meine Fragen an die zuständigen Stellen im Himmel weiterzuleiten und hoffe auf eine baldige Antwort.

Meine Anfrage lautet wie folgt:
Alle religiösen Führer der Erde erzählen uns seit Menschengedenken von der Güte und Gerechtigkeit des lieben Gottes. Doch wer die Zustände auf unserem Planeten mit offenen Augen betrachtet, merkt nichts davon. Ganz im Gegenteil: täglich sterben unzählige Menschen unter schrecklichen Qualen, darunter auch viele unschuldige Säuglinge und Kinder (alleine 5000 jeden Tag, nur weil ihnen kein sauberes Wasser zur Verfügung steht).

Massenmörder, oft im Gewand von Gotteskriegern, sprengen sich und andere in die Luft und verbrecherische Politiker – wie Adolf Hitler oder Josef Stalin – rotteten im Namen ihrer wahnsinnigen Ideologien Millionen Menschen aus. Kriminalität und Korruption sind allgegenwärtig und die Reichen werden – auf Kosten der Armen – immer reicher, während in weiten Teilen der Welt die Menschen Hunger leiden. Sind all diese Ungeheuerlichkeiten Gott nicht bekannt, oder ist er für sie gar verantwortlich? Warum lässt er das alles zu und schweigt?

Mit vorzüglicher Hochachtung,

Ihr

Theodor Much

Wenige Tage später erhielt ich ein Antwortschreiben der Himmelsbehörde. Sein Inhalt lautete wie folgt:

Lieber Herr Much,

Vielen Dank für Ihren interessanten Brief vom 28. Sivan 5768.

Leider kann ich Ihre schwierigen Fragen nicht beantworten, da ich zur Zeit viel zu beschäftigt bin. Sie können sich nicht vorstellen, was es bedeutet die Himmelspforte zu hüten und dazu kommt noch meine verantwortungsvolle Tätigkeit im Himmelssekretariat. Doch selbst wenn ich mehr Zeit hätte, könnte ich Ihre Fragen nicht beantworten, da mir das Grundwissen dazu fehlt.

Ich bat daher unseren größten geistlichen Experten zu all diesen existenziellen Fragen, den allseits hochgeachteten Rabbiner Ovadia Josef, Ihre Fragen zu beantworten. Der Heilige Mann residiert zur Zeit noch in Jerusalem und dient als geistiges Oberhaupt der ultraorthodoxen Schas-Partei. Der Heilige weilt aber bisweilen im Himmel, wo er Fortbildungskurse in halachischen Fragen, also Fragen des religiösen Gesetzes, für die fähigsten Köpfe des Universums abhält. Zu seinen Schülern zählen auch bekannte Persönlichkeiten wie die Erzväter Abraham, Isaak und Jacob, Moses und sogar Jehoschua von Nazareth.

Der hochgeachtete Meister befahl mir, Ihnen folgende Antwort zu übermitteln:

Herr Much,

Ihre Anfrage ist anmaßend, goyisch und dumm. Hätten Sie all meinen Predigten gelauscht, dann wären Ihnen derart unsinnige Fragen gar nicht eingefallen. Ich will Ihnen daher eine kurze Antwort geben und erwarte, dass Sie in Zukunft täglich Radio Schas lauschen werden.

All die Menschen die (ihrer Meinung nach) einen grausamen Tod starben – und diese Aussage gilt besonders für die sechs Millionen Juden, die von Hitler und seinen Helfern ins Jenseits befördert wurden – haben einfach nichts Besseres verdient. Sie alle waren – und das habe ich offen gepredigt – eine Wiedergeburt von Seelen ehemaliger Sünder, Subjekte, die in ihrem früheren Leben schlimme Dinge – wie Tänze um das goldene Kalb – vollführten und nur deswegen wiedergeboren wurden, um ihre Sünden auf Erden abzubüßen!

Sie müssen endlich zur Kenntnis nehmen, dass es keine Zufälle auf Erden gibt und jedes Lebewesen die Folgen seines sündigen Lebenswandels im Diesseits tragen muss!

Ich hoffe, dass Sie diese einfache Tatsache zur Kenntnis nehmen,

Schalom

Rabbiner Ovadia Josef

Da ich bisher nie an die fernöstliche und kabbalistische Lehre der Wiedergeburt geglaubt hatte, verfasste ich noch am selben Tag ein weiteres Schreiben an Sekretär Petrus, mit der Bitte weitere Responsen anderer weiser Männer einzuholen, und erhielt wenige Tage später ein persönliches Antwortschreiben von Sekretär Petrus. Es lautete folgendermaßen:

Verehrtester Herr Much,

Wie mir scheint, sind Sie ein äußerst hartnäckiger Mensch. Mit Ihren Anfragen verärgern Sie nicht wenige unserer größten Weisen im Himmel. Die meisten von ihnen wünschen nichts sehnlicher, als in aller Ruhe ihren verdienten Aufenthalt hier zu genießen und nicht ständig in ihrer himmlischen Glückseligkeit gestört zu werden. Deswegen konnte ich nur einen einzigen Heiligen dazu überreden, ihre seltsamen Fragen zu beantworten. Sie können sich glücklich schätzen, dass seine Heiligkeit Papst Pius XII. sich bereit erklärt hat, sein langes Schweigen zu brechen, um Ihre Neugierde zu befriedigen. Ich hoffe von Herzen, dass Sie diesen Akt der Nächstenliebe schätzen werden und uns in Zukunft weiteres Ungemach ersparen. Bitte lesen Sie, die meinem Schreiben beigefügten Zeilen seiner Heiligkeit Pius XII.

Ihr leicht verärgerter

Petrus (Sekretär des Herrn)

Überwältigt von so viel an Gnade, begann ich sofort das beigefügte Schreiben des Papstes zu lesen, es lautete:

Verehrter Bruder Theodorius von Baden,

Wie Ihnen wohl bekannt ist, nennt man mich auch „den schweigenden Papst". Dieser Ehrentitel ehrt mich, denn Reden ist Silber, doch Schweigen ist Gold. Nach

68 Jahren im Himmel bin ich nun bereit, mein heiliges Schweigen zu brechen, um Ihnen einige Ihrer – durchwegs wenig intelligenten – Fragen zu beantworten, damit Sie nicht mit weiteren unsinnigen Schreiben unsere Himmelsruhe ständig stören. Ich werde mich sehr kurz halten, da Ihre Fragen mit wenigen Sätzen beantwortet werden können.

Wie Sie wissen sollten, zog der Mensch durch den Sündenfall von Adam und Eva das Missfallen Gottes auf sich, wodurch der Zustand der göttlichen Gnade in Eurer Welt verloren ging. So ist der Mensch, von seiner Empfängnis an, schon im Mutterleib im Zustand der Erbsünde, was dazu führt, dass er zum Bösen neigt und sein Verstand nicht mehr das Gute erkennt. Es ist somit ein Zustand der kollektiven menschlichen Verstrickung der Vergangenheit, in die jeder Mensch durch seine Geburt eintritt. Diese Erbsünde schränkt die Selbstbestimmung des Menschen ein, niemand hat die Möglichkeit, an einem perfekten „Punkt Null" anzufangen und sein Gutes in völliger Freiheit zu entwickeln. Der einzige Ausweg aus dem Zustand der Erbsünde ist der Weg der Taufe, da die Getauften nicht mehr der Erbsünde unterliegen, auch wenn sie in der sterblichen Welt mit den Folgen der Erbsünde weiterhin behaftet sind.

Wenn Sie nun das bedauerliche Schicksal der sechs Millionen Juden beklagen, dann müssen Sie Ursache und Wirkung auseinanderhalten. Hätten die verstockten Juden Jesus nicht aus ihren Herzen verbannt, dann wären ihnen derartig schwere Bestrafungen erspart geblieben.

Natürlich müssen aber auch Getaufte manchmal leiden, doch denen bleibt wenigstens die Gewissheit auf ein ewiges Leben im Zustand der Gnade im Paradies. Allen Ungetauften bleibt nur die Hoffnung auf die Gnade und Barmherzigkeit unseres Herrn.

Ich fordere Sie daher auf, Bruder Theodorius, Ihre Sünden zu bereuen und sich endlich taufen zu lassen.

Mit vorzüglicher Hochachtung

Papst Pius XII.

Die Worte des heiligen Mannes versetzten mich in einen Zustand der Verwirrung. Vielleicht war es naiv zu glauben, dass Gott barmherzig ist, stets vergibt und lediglich die Bösen bestraft. Selbst wenn ich mich nicht als „gut" bezeichnen will, so fehlt mir das Verständnis dafür, dass ich – und alle anderen Menschen, die Adam und Eva nicht persönlich kannten und für ihre Taten nicht mitverantwortlich waren – in Sünde geboren wurde und deswegen auch immer wieder strenge Strafen erleiden müsse. Denn wie heißt es doch in der hebräischen Bibel (5. Buch Moses, 24,16): „Kinder sollen nicht für ihre Eltern und Eltern nicht für ihre Kinder bestraft werden", beziehungsweise im Buch Ezechiel 18,20 „Jeder Mensch ist für seine Vergehen verantwortlich und nicht für die Fehltritte anderer."

Ich beschloss daher, nochmals ein Schreiben an Petrus zu verfassen, mit der Bitte um weitere Erläuterungen. Mein Brief lautete nun wie folgt:

Baden, 26. August 2008

Sehr geehrter Sekretär Petrus,
vielen herzlichen Dank für die Übermittlung des Schreibens des heiligen Pius XII. an mich.

Es tut mir unendlich leid, Sie wieder mit meinen Fragen zu belästigen, denn ich weiß wie undankbar und schwierig Ihre Aufgaben am Himmelstor sind und wie wenig Zeit Ihnen bleibt, irdische Anfragen zu beantworten. Doch da mich die bisherigen Erklärungen der himmlischen Heiligen wenig überzeugen konnten, versuche ich nochmals, meine Gedanken und Zweifel zu Papier zu bringen, in der Hoffnung auf weitere Erläuterungen.

Seit Jahren frage ich mich: Warum lässt Gott all das maßlose Elend, Leid und Unrecht auf unserer Welt zu? Mit dieser Frage aller Fragen beschäftigten sich Menschen aller Kulturen und aller Konfessionen seit jeher, und ihre unterschiedlichen – auch hilflosen – Antworten waren seit jeher für denkende Gläubige unbefriedigend.

Manchmal hört man die Ansicht, dass wir Gottes Motive niemals verstehen werden können und er mit Sicherheit genau weiß, was zu tun ist. Wir sollen uns daher über all die scheinbaren Ungerechtigkeiten in dieser Welt keine Gedanken machen und auch keine Zweifel an Gott äußern.

Doch genügt eine solche Antwort? Ich befürchte, dass sie kritische Geister nicht befriedigen kann: Denn wenn Gott kein Hirngespinst der Menschen ist, dann lässt das (scheinbare?) Nichteingreifen Gottes, beziehungsweise sein Tun und Treiben, nur einige wenige logische Schlüsse zu, nämlich:

1. Gott ist zwar allmächtig, aber nicht gut
2. Gott ist zwar gut, aber nicht allmächtig

3. Gott hat sich vorübergehend – oder auch dauerhaft – aus Gründen, die wir nicht kennen, von uns zurückgezogen
4. Gott hat zwar einst existiert, doch seine Kraft hat ihn allmählich verlassen
5. Gott ist tot

All diese hilflosen Antworten haben eines gemeinsam: Sie alle sind in ihren Schlussfolgerungen für Menschen, die auf die Güte ihres Gottes hoffen, äußerst unbefriedigend.

Wie kann denn ein Gott, der uns Menschen die zehn Gebote gab, Güte, Nächstenliebe, Hilfsbereitschaft und Tikun Olam – die Pflicht zur Verbesserung der Welt, auch das Erretten von Mensch und Tier, selbst am heiligen Schabbat – von uns verlangt, ein Gott der Mord und Totschlag verbietet, der von uns erwartet, dass wir Schmerz und Leid von Lebewesen mit aller Macht bekämpfen, seine Augen vor all den schrecklichen Dingen, die auf Erden täglich geschehen, verschließen? Wie kann er Unschuldige – sogar Neugeborene – „wegen der Schuld ihrer Vorfahren" mit dem Tode bestrafen? Sind denn Blutrache und Sippenhaftung gottgewollt? Sind Mission und Taufe und die Bekehrung zu einer einzig „wahren" Religion die Antwort auf all meiner Fragen?

Ich bitte Sie daher werter Sekretär Petrus, noch weitere himmlische Expertisen zum Thema einzuholen, und verbleibe in größter Hochachtung,

Ihr

Theodor Much

Mit diesem Brief begab ich mich zur Badener Post und bat die mir wohlgesonnene, ewig lächelnde und immer noch übergewichtige Schalterdame meinen Brief an die himmlischen Behörden weiterzuleiten, was sie mir auch freundlich zusicherte.

Voller Ungeduld wartete ich wieder auf ein Antwortschreiben der himmlischen Behörden. Doch erst, nachdem vier weitere Wochen vergangen waren, erhielt ich endlich das von mir ersehnte Schreiben. Ich riss sogleich das bläulich schimmernde Briefkuvert auf und las erwartungsvoll die zu Papier gebrachten himmlischen Weisheiten.

29.Tammuz-Av 5768

Verehrtester Herr Much,

Wir alle im Himmel sind von Ihrer Hartnäckigkeit überrascht und auch irritiert.

Um aber die Angelegenheit zu einem glücklichen Ende zu bringen, habe ich mich an einen der größten Gelehrten der Gegenwart gewendet. Imam Fawaz lebt zwar noch auf Erden, (zurzeit sitzt er in einem marokkanischen Gefängnis), er besucht aber nachts die himmlischen Gefilde und verfasst hier seine weltberühmten Predigten. Der heilige Märtyrer war über mein Ansinnen sehr verärgert, da er gerade intensiv mit seinen 72 Huris, das sind die berühmten großäugigen Paradiesjungfrauen, die in ihrer Schönheit, wie man sagt, Rubinen und Perlen gleichen, beschäftigt war. Da ihm die marokkanische Gefängniskost aber nicht bekommt, fällt es ihm zur Zeit schwer, sie alle gleichzeitig zu befriedigen, ein Umstand, der verständlicherweise seine

Psyche sehr belastet. Deswegen weigerte er sich Ihnen direkt zu schreiben: Er befahl mir lediglich Ihnen auszurichten, „dass er sich prinzipiell nicht mit Ungläubigen unterhält und dass nichts, was auf Erden geschieht, auf Zufall beruht. Denn der Himmel bestraft alle Ungläubigen und belohnt – spätestens im Paradies – alle, die sich zum Rechten Glauben bekennen."

Lieber Herr Much, ich bitte Sie inständig, uns in Zukunft mit Ihren lästigen Fragen nicht mehr zu nerven, denn wir sind sehr beschäftigt und daher nicht in der Lage, Ihre unsinnigen Fragen zu beantworten. Doch sobald unser Chef – Ihr „lieber Gott" – von seiner ausgedehnten Dienstreise durch das Universum zurückkehrt, werde ich Ihre Anfragen direkt an ihn weiterleiten.

Mit freundlichen Grüßen

Ihr genervter

Sekretär Petrus

Diese nun endgültige Antwort des Petrus war für mich, wie man sich leicht vorstellen kann, eine große Enttäuschung. Ich musste mich fügen und geduldig auf die Rückkehr des lieben Gottes zu seinen himmlischen Gefilden warten.

Genau zwei Monate nach Erhalt der letzten himmlischen Nachricht, erhielt ich zu meiner großen Überraschung ein neuerliches Schreiben der himmlischen Behörden. In diesem mit 2. Tischri – Heshvan 5769 datiertem Brief, teilte mir Sekretär Petrus freudig erregt mit, dass der „liebe Gott" nach langer Abwesenheit wieder im Himmel eingetroffen ist und bereit sei, mir ein Interview zu gewähren. Das historische Gespräch sollte auf der Spitze des Djebel Musa – auch Moses Berg genannt – in 2285 Meter Seehöhe stattfinden. Natürlich war das Gespräch mit einigen, durchaus verständlichen, Bedingungen verknüpft: Erstens war es mir verboten meinen Interviewpartner direkt zu erblicken (denn von Angesicht zu Angesicht den lieben Gott zu sehen, war bisher nur dem Propheten Moses vergönnt) und zweitens durfte ich beim Interview kein Mikrophon und auch sonst keinerlei technische Hilfsmittel benützen.

Dankbar und erwartungsvoll antwortete ich sogleich Sekretär Petrus und bat ihn das Interview zu den himmlischen Bedingungen arrangieren und so stand der Begegnung mit dem lieben Gott nichts mehr im Wege.

Kapitel 3: Das Interview mit Gott

(ein Gedächtnisprotokoll)

Ich: „Allmächtiger, lieber Gott, gestatte mir, mich zunächst für das von Dir gewährte Gespräch ganz herzlich zu bedanken (Anmerkung des Verfassers: Mir schien die Ich-Du-Form im Gespräch – und ich beziehe mich auf Martin Bubers Grundwort – durchaus angemessen, und Gott hatte auch offensichtlich keine Einwände dagegen), ich versichere Dir, dass ich all Deine Worte wortgetreu und unverfälscht der Weltöffentlichkeit bekannt geben werde."

Gott: „Tu mir einen Gefallen und versuche, dich kurz zu fassen. Ich mag keine geschwollenen Plattitüden, und außerdem fehlt mir auch die Zeit für allzu lange und sicherlich nutzlose Gespräche. Wisse, dass ich mich um mein ganzes Universum kümmern muss, um Trillionen von Sternen, Planeten und mehr oder weniger intelligente Lebewesen. Um es dir ganz deutlich zu sagen: Eure winzige Sonne und euer unbedeutender, verkommener Planet mit all seinen geistig noch unterentwickelten Bewohnern ist für mich nur noch lästig. Also stelle deine Fragen, drei an der Zahl, und das dalli, dalli." *Diese Worte wurden von einem gewaltigen Blitz und fürchterlichem Donner begleitet.*

Ich: „Danke, lieber Gott, für die Belehrung, ich will Deine Befehle erfüllen und mich kurz fassen. Meine erste Frage, die sicherlich alle Menschen brennend interessiert, lautet: Gibt es ein ewiges Leben nach dem Tod, Paradies und Hölle?"

Gott: „Was für eine dumme Frage. Glaubst du allen Ernstes, dass ich dir diese Frage beantworten werde? Denn würde ich mit Nein antworten, dann müssten ja alle Menschen verzweifeln und meine braven Diener – die Geistlichen der verschiedenen Religionen – ihren Job an den Nagel hängen. Ein Ja hätte aber noch schlimmere Folgen. Denn die Gewissheit auf ein Jenseits würde dazu führen, dass keiner von euch mehr am Leben interessiert wäre, mit ungeahnten Folgen für alle Erdenwürmer."

Ich: „Eine sehr enttäuschende Antwort, doch ich muss sie wohl akzeptieren. Meine zweite Frage lautet daher: Welche der drei monotheistischen Religionen ist für Dich der einzig wahre Glaube?"

Gott: „Wieder eine unglaublich dumme Frage. Gab ich euch nicht den Verstand, um diesen auch zu benutzen? Einer der wenigen Menschen, der meine Intentionen begriff, war der Schriftsteller Gotthold Ephraim Lessing, der mit seiner Ringparabel eine treffende Antwort auf diese Frage gab. Lies *Nathan der Weise* und stelle mir gefälligst intelligentere Fragen, du vergeudest nur meine Zeit." *Jetzt durchzuckten gewaltige rote Blitze den tiefblauen Himmel, und ein heftiger Windstoß fegte mich fast von der Bergspitze fort.*

Ich: „Entschuldige, ich will das gerne nachholen und komme jetzt zu meiner letzten Frage. Meine dritte Frage, lieber Gott, lautet: Seit jeher gibt es so viel Leid, Ungerechtigkeit und Bosheit auf dieser Welt. Wie konntest Du die Massenmorde von Hitler und Stalin zulassen? Warum sterben Millionen Kinder in aller Welt an Unterernährung und Krankheiten? Wieso stürzen Flugzeuge ab? Warum gestattest Du Kriege? Weswegen denkst Du Dir die grausamsten Krankheiten und Todesarten aus? Warum werden die Schurken so oft belohnt und die Guten scheinbar bestraft? Wieso verhinderst Du nicht Selbstmordanschläge auf Unschuldige? Gibt es keine Gerechtigkeit auf dieser Welt? Ist das alles Dein Werk?"

Gott: „Endlich eine vernünftige Frage. Hier will ich dir ein wenig ausführlicher antworten.

Erinnere dich an Adam und Eva und das Paradies. Dort gab es weder gut noch böse, keine Fragen und Antworten, weder Belohnung noch Strafe, kein Altern und keinen Tod, keinen Hass und keine Liebe, dort gab es nur ein alles und nichts. Alles im Paradies war ewig gleichförmig, und grau in grau das Nichts. Denn selbst die Farben, die heute eure Sinne so erfreuen, waren an diesem Ort unbekannt. Glaube ja nicht, dass die Rückkehr in ein solches Paradies erstrebenswert wäre. An solch einem Ort würdet ihr nur verzweifeln.

Als Eva auf Anraten der Schlange vom Baum der Erkenntnis den Apfel pflückte und verzehrte, konnte ich – da mir die zukünftigen Konsequenzen ihrer Tat bekannt waren – menschliche Wesen an diesem Ort nicht mehr halten. Aus Mitleid vertrieb ich daher Adam und Eva aus dem vermeintlichen Paradies, in eine scheinbar wenig perfekte Welt, doch glaube mir, es war zu ihrem Guten. Auf Erden galten ab diesem Augenblick neue Spielregeln. Denn um denkenden Wesen eine für sie passende Welt zu geben, musste ich das Prinzip der Dualitäten erfinden. Einzig Dualitäten machen das bewusste menschliche Leben lebenswert. Ab sofort gab es gut und böse, Licht und Schatten, schwarz und weiß, groß und klein, dick und dünn, Geburt und Tod, Gesundheit und Krankheiten, Leid und Glück, Dummheit und Weisheit, liberale Menschen und Fundamentalisten, friedfertige und kriegerische Lebewesen und vieles mehr. Ich gab euch aber auch neben dem Gebot der Nächstenliebe den freien Willen und den Verstand, um ihn zu benützen. Ab jetzt konnte jeder Mensch, ganz für sich alleine, sich zwischen Gut und Böse entscheiden. Die Erbsünde gab ich euch aber nie. Denn bei seiner Geburt ist jeder Mensch rein und unschuldig. Um diese Welt aber nicht nachträglich zu zerstören, kann ich meine eigenen Prinzipien nicht mehr aufheben. Denn ohne Licht kein Schatten, ohne Leid kein Glück und ohne böse kein gut. Wären sämtliche Menschen nur gut, dann würden alle meine ethischen Verhaltensregeln unnütz sein. Gäbe es keinen Tod mehr, dann müssten – um eine Überbevölkerung der Erde zu verhindern – auch die Geburten abgeschafft werden.

Das sind die Dualitäten, von denen ich spreche. Auch wenn ich alles Leid dieser Welt kenne und mit jedem einzelnen von euch mitleide: Ich darf – zu eurem eigenen Besten – nicht mehr aktiv eingreifen, denn dann würde ich all die von mir erlassenen Gesetze außer Kraft setzen. Das schmerzt mich sehr, doch das ist eine unabänderliche Notwendigkeit.

Doch mein erzwungenes Nichteingreifen bedeutet nicht, dass ich wegblicke. Ich beobachte und registriere, ich übersehe nichts und vergesse ebenso wenig. Nichts, was auf Erden geschieht, bleibt ohne Konsequenz. Frage daher nach menschlich verursachten Katastrophen nicht: Wo war hier Gott? Frage viel mehr: Wo ist der Mensch geblieben?

Das ist meine Antwort auf deine letzte Frage, jetzt gehe von dannen und überliefere deinen Mitmenschen all meine Worte.

Nun bebte die Erde, dunkle, bedrohliche Wolkenfetzen fegten über den zerklüfteten Berggipfel des Mosesberges, und grässliche Blitze, gefolgt von lautem Donner, beendeten meine Audienz bei Gott. Gerädert und erschüttert machte ich mich auf den Weg, um all das Vernommene – wie ich es Gott versprochen habe – nach bestem Wissen und Gewissen niederzuschreiben.

Epilog

Todesanzeige vom 1. April 2009 (Badener Nachrichten)

Tieferschüttert geben wir bekannt, dass der Verfasser obiger Niederschrift, unser geliebter Vater, Großvater und Onkel, kurz nach Erscheinen seines historischen Berichts, von Dutzenden aufgebrachten „wahren" Gläubigen gefasst, zur Rede gestellt, gefesselt, gefoltert, geteert und geviertteilt wurde. Er ruhe in Frieden.

Die trauernde Familie

Willkommen im Paradies

> „Der Tod ist der Reiseweg ins Jenseits." (Saadja Gaon)

> „Jede Seele ist eine Welt für sich." (Max Nordau)

Vorwort

Liebe Leserin, lieber Leser,
das himmlische Tagebuch des am 1. April 2010 verstorbenen Reformrabbiners K. O. (seinen vollen Namen kann ich, zum jetzigen Zeitpunkt und mit Rücksicht auf seine Familie, nicht bekannt geben) wird gewiss den meisten Menschen – bei oberflächlicher Betrachtungsweise – wie das Hirngespinst eines Phantasten oder Spinners vorkommen.

Mit der Veröffentlichung seiner Botschaft muss ich – wohl oder übel – das Risiko, ebenfalls als solcher angesehen zu werden, auf mich nehmen. Doch ich sehe es als meine moralische Pflicht an, dieses wertvolle Dokument der Welt zu präsentieren, auch weil für mich feststeht, dass Rabbiner K. O.s – durch eine gütige Laune des Schicksals mir zugespielte – Nachricht aus dem Jenseits sehr bald langfristig das Denken und die

Philosophie der gesamten Menschheit beeinflussen und prägen wird.

Es ist mir aber auch ein großes Anliegen, Ihnen allen zu versichern, dass das jetzt endlich veröffentlichte Werk des Rabbiners von mir in keiner Weise abgeändert oder verfälscht wurde. Zu solch einer schlimmen Schandtat wäre ich niemals fähig, und jeder, der mich persönlich kennt, könnte – auf Rückfrage – meine absolute Ehrlichkeit und Seriosität bestätigen.

Ich selbst sehe mich als einen ruhigen, besonnenen und absolut vertrauenswürdigen (wenn auch eher langweiligen) Zeitgenossen, dem nichts an Ruhm oder Reichtum liegt, als einen Menschen, der jeder Sensationsmeldung äußerst kritisch gegenübersteht und der all seine Handlungen vorsichtig abwägt. Auch die Tatsache, dass ich volle zwölf Monate zwischen dem Auffinden des Dokuments und der Textveröffentlichung verstreichen ließ, beweist meine Sorgfalt und Umsicht in der Behandlung dieser heiklen Materie.

In dieser Zeit musste ich natürlich alle nur möglichen Konsequenzen einer eventuellen Bekanntmachung des Dokuments überdenken und analysieren. Und es gab viel zu bedenken: Würde man mir glauben, meine redlichen Absichten anerkennen, oder mich – was wahrscheinlich ist – zum Betrüger, vielleicht auch Geistesgestörten abstempeln? Ein Schicksal, das ich dann mit vielen bedeutenden Menschen teilen müsste. Sollten aber – wider Erwarten – die spirituell und politisch Mächtigen der Welt die sensationelle Botschaft ernstnehmen, was hätte das für allgemeine Konsequenzen für die Welt und meine Person? Würde man mich dann – wie den Kollegen Salman Rushdie – zum Paria erklären, vielleicht alles daransetzen, meinen Namen lächerlich zu machen, oder ungeschickt und unsensibel eine weltweite Massenhysterie mit unabsehbaren Konsequenzen für den Weltfrieden auslösen?

All diese trüben Gedanken veranlassten mich zunächst dazu, lange – allzu lange – wie ein Grab zu schweigen. Doch nach und nach kam ich zur Überzeugung, dass es feige und unredlich wäre – auch eine arge Verletzung meiner Bürgerpflichten – noch länger der gesamten nach Erkenntnis durstenden Menschheit meine Entdeckung vorzuenthalten, auch weil ich überzeugt bin, dass jeder Mensch – selbst der einfältigste aller Erdbewohner – ein Recht hat zu erfahren, wie es im Jenseits aussieht und was ihn oder sie eines Tages dort erwartet.

Manche diesbezüglichen Antworten wurden der Menschheit durch weise Männer und Frauen in längst vergangenen Zeiten bereits gegeben, einige von ihnen kamen der Realität ziemlich nahe, doch es waren überwiegend Spekulationen, zum Teil Wunschträume. Nun haben aber alle Interessierten die einmalige Gelegenheit – und das zum ersten Mal in der Geschichte des Homo sapiens –, jenseitige Wahrheiten, an deren Authentizität nicht gezweifelt werden kann, aus erster Hand zu erfahren. Darum will ich meine Leserinnen und Leser nicht länger mit einer allzu ausführlichen Einleitung auf die Folter spannen und sogleich mit dem Bericht beginnen.

Es begann alles – und ich erinnere mich mit Schaudern daran – am 13.2.2011 gegen sechs Uhr morgens. An diesem prachtvollen, klirrend kalten Wintertag spazierten Tevje, unser winziger schneeweißer Toy-Pudel, und ich durch die tief verschneite Winterlandschaft der niederösterreichischen Weinberge in Richtung Sooß, einem weltberühmten Heurigen-Ort (mit vielen hervorragenden Weinlokalen, die vor allem selbstproduzierten Wein und traditionelle Speisen anbieten), nur wenige Kilometer von unserem Haus im Städtchen Baden südlich von Wien. Um aber ja keine Missverständnisse aufkommen zu lassen, möchte ich all meinen Lesern hoch und heilig versichern, dass zu dieser frühen Tageszeit sämtliche Weinlokale des Ortes noch geschlossen sind, also keine Spirituosen gekauft werden können, und wir beide – nolens volens – vollkommen nüchtern waren. So spazierten Tevje und ich frohen Herzens durch den im letzten Sternenlicht glitzernden Schnee, als mir plötzlich das seltsame Benehmen meines kleinen Gefährten auffiel. Der sonst so fröhliche und tapfere Hund zitterte, aus mir zunächst unerklärlichen Gründen, am ganzen Körper, zog seinen Schwanz ein und winselte leise.

Wenige Sekunden später vernahm ich einen seltsamen Pfeifton, der langsam an Intensität zunahm, und bald darauf bemerkte ich einen rötlichen, schnell größer werdenden Lichtschein am südwestlichen Himmel. Dann überstürzten sich die Ereignisse: Es folgte ein dumpfer Knall, und Tevje sank, von einem unbekannten fliegenden Objekt unsanft am Kopf getroffen, wie leblos zu Boden. Der Gegenstand ähnelte einem mir nicht ganz unbekannten Objekt – nämlich einer Weinflasche –, unterschied sich jedoch von dieser in einigen ganz wesentlichen Details. Die rund 60 Zentimeter hohe und 30 Zentimeter breite „Flasche" glänzte in allen Regenbogenfarben und bestand offensichtlich aus einem mir völlig fremden, samtweichen, durchsichtigen Material.

Geistesgegenwärtig richtete sich zunächst meine ungeteilte Aufmerksamkeit auf den Gefährten, der immer noch wie leblos und stumm im Schnee lag. Eine von mir sofort eingeleitete Mund-zu-Mund-Beatmung zeigte erfreulicherweise baldigen Erfolg. Der kleine Tevje kehrte in die Welt der Lebenden zurück, sprang auf, biss mich in die Nase und suchte jaulend das Weite. Neugierig betrachtete ich nun das friedlich im Schnee liegende seltsame Objekt. In der aufkommenden Morgendämmerung konnte ich an dessen Oberfläche eine mit purpurfarbener Tinte – offensichtlich hastig und mit zitteriger Schrift – geschriebene Mitteilung erkennen. Es waren die Worte: „Flaschenpost aus dem Paradies: Bitte öffnen."

Ich ließ mich nicht zweimal bitten und kam sogleich dem dringenden Ersuchen des Absenders nach, und ich will gerne gestehen, dass ich – neugierig wie ich bin – auch ohne eine derartige Einladung das geheimnisvolle Objekt näher untersucht hätte. Mit Hilfe eines Schweizermessers gelang es mir in wenigen Minuten, den Korken zu entfernen, und aus der nun offenen Flasche entströmte ein unbeschreiblich süßer, die Sinne betörender himmlischer Duft. Die Flasche enthielt, wie ich sogleich feststellte, eine hauchdünne Pergamentrolle, die ich langsam und mit größter Vorsicht herauszog und an mich nahm. Dann verstaute ich die mysteriöse Rolle in meinem Rucksack und begab mich gemeinsam mit dem inzwischen reumütig zurückgekehrten und immer noch leicht benommenen Tevje schnurstracks zurück in unser Haus in Baden.

Dort angekommen – meine Frau schlief noch fest – schloss ich mich sogleich in meinem Arbeitszimmer ein, zog die Rolle aus dem Rucksack und öffnete vorsichtig das wundersame Dokument. Es war eine Pergamentrolle nach Art der berühmten Rollen von Qumran am Toten Meer, doch im Gegensatz zu diesen in einem offensichtlich unbeschädigten Zustand und aus einem mir unbekannten grünlich schimmernden Material angefertigt. Mit klopfendem Herzen fing ich an, den erfreulicherweise deutsch geschriebenen Text zu lesen, und damit begann die größte Herausforderung meines Lebens.

Die folgenden Tage verbrachte ich meine gesamte Freizeit lesend und schreibend in der Einsamkeit meines Arbeitszimmers. Bald wurde mir klar, welch unglaublichen Schatz ich in Händen hielt, und der zunächst aufkommende Gedanke, dass es sich hier möglicherweise um einen bösen Ulk irdischen Ursprungs handeln könnte, verflog schon nach Durchsicht der ersten Seiten. Mir wurde aber auch bewusst, dass ich – um nicht die Einweisung in eine psychiatrische Klinik zu riskieren – mit niemandem, selbst nicht mit meiner geliebten Frau, über diesen Fund sprechen konnte. Mein einziger Vertrauter in diesen schweren Tagen war der kleine Pudel Tevje, der mich mit großen, wissenden Augen bei meiner Tätigkeit beobachtete, doch glücklicherweise nicht in der Lage war, unser Erlebnis jemandem mitzuteilen.

Schon nach wenigen gelesenen Seiten geriet mein bisheriges wissenschaftlich orientiertes Weltbild ins Wanken, denn Heilige, Engel, Himmel und Hölle waren für mich stets reine Wunschvorstellungen kindlicher Gemüter gewesen. Was mich aber nach Ablauf einiger weniger Tage noch sehr viel mehr verunsicherte, ja in Panik versetzte, war die Beobachtung, dass sowohl die Flasche als auch die vor mir liegende Pergamentrolle langsam zu schrumpfen begannen und die Schrift des Verfassers mit jedem Tag weniger lesbar wurde. Zuletzt arbeitete ich Tag und Nacht und bemühte mich, die himmlische Botschaft – die sich aus mir unerklärlichen Gründen photographisch nicht dokumentieren ließ – durch rasches Abschreiben zu retten, was mir auch fast vollständig gelang. In der Abschrift fehlen lediglich die letzten fünfzig Zeilen des Dokuments.

So nahm das Schicksal seinen verhängnisvollen Lauf, und als ich eines morgens, nach nur wenigen Stunden unruhigen Schlafes, aus meiner Betäubung erwachte, war die Rolle verschwunden, zu himmlischem Staub zerfallen. Diesen schweren Schicksalsschlag werde ich mit Sicherheit nie gänzlich überwinden können, zumal mir sogleich schmerzlich bewusst wurde, dass mit dem Verschwinden des Beweismaterials auch meine Glaubwürdigkeit leiden würde.

Es bleibt mir daher nur die schwache Hoffnung, dass Sie, liebe Leserin, liebe Leser, meinen Worten Glauben schenken und sich von böswilligen Kritikern meiner Person in keiner Weise beeinflussen lassen werden.

Baden, Winter 2012   Theodor Much

Das Tagebuch des Rabbiners K. O.
(ungekürzte Fassung)

Vorwort zum Tagebuch, geschrieben am 7.6.2010 (im Jahr 5770 seit Erschaffung der Welt)

Es ist Mittagspause im Paradies, und ich erhole mich auf der mir zugewiesenen Wohnwolke Nummer 18.007 von der morgendlichen Büroarbeit und einer anstrengenden Chorprobe. Vier Stunden lang probten wir ohne Unterlass, unter der Leitung von Maestro Bernstein, Josef Haydns Oratorium *Die Schöpfung*, eine wahrlich erschöpfende Tätigkeit, zumal der himmlische Alltag stets um fünf Uhr morgens mit der Verrichtung der vorgeschriebenen Morgengebete beginnt.

Der straffe morgendliche Zeitplan lässt naturgemäß ein gemütliches Frühstück nicht zu, wobei noch erschwerend hinzukommt, dass die tägliche Manna-Ration zuerst in Himmelstau aufgeweicht werden muss. Über diese mühsame Prozedur beschweren sich selbst die allerheiligsten Paradiesbewohner! Da mir jetzt nach Verzehr meiner Manna Portion, heute mit Lachs-Geschmack, was genau genommen gegen die mosaischen Speisevorschriften verstößt, noch zwei Stunden Mittagspause bis zur nächsten Chorprobe, die dann bis zum Abschalten der Himmelsbeleuchtung fortgesetzt wird, verbleiben, schließe ich meine Augen und versuche mich an die Ereignisse der vergangenen Wochen und Monate zurückzuerinnern.

Nun befinde ich mich seit 20 Tagen im Paradies. In diesen wenigen Wochen habe ich schon manches gesehen und erlebt. Auch wenn mir noch vieles fremd und unbegreiflich erscheint, ist es an der Zeit, meine auf der „Überfahrt" von der Erde hastig in ein Notizbuch gekritzelten Aufzeichnungen durchzugehen und in Form eines geordneten Tagebuches zu dokumentieren. Vielleicht gelingt es mir, all meine bisherigen und zukünftigen Erlebnisse und Beobachtungen im Jenseits auch in Worte zu fassen.

Obwohl ich mich nicht mehr an jede einzelne Minute, die seit meinem Tod vergangen ist, im Detail erinnern kann, will ich diesen Bericht mit den ersten Eindrücken im Orbit beginnen, dann die wundersame Reise ins Paradies beschreiben und über die bisher wichtigsten Stationen meines neuen und zukünftigen Daseins Rechenschaft ablegen. Vielleicht entschließe ich mich auch eines Tages, dieses Tagebuch zu veröffentlichen, zum jetzigen Zeitpunkt bin ich mir noch nicht sicher, ob ich das wirklich will, zumal die Kontaktaufnahme mit der Erde – nach Auskunft der hiesigen Behörden – streng untersagt ist. Sollte ich eines Tages den Versuch unternehmen, mein Werk der Menschheit zu präsentieren, dann müsste ich einen geeigneten Weg finden, die himmlische Zensur zu umgehen, was bisher, meines Wissens, noch keinem menschlichen Himmelsbewohner je geglückt ist.

Da an diesem paradiesischen Ort Papier unbekannt ist, habe ich mir eine himmlische Papyrusrolle auf dem hiesigen Schwarzmarkt besorgt, ein Schreibmaterial, dass im Allgemeinen nur für Privilegierte der Exquisit-Kategorie – vorwiegend Propheten, Erzväter und andere Heilige – zur Verfügung gestellt wird. So kann ich jetzt mein Vorhaben in die Tat umsetzen und beginne sogleich meinen (retrospektiven) Bericht mit dem 1.4.2010, dem Tag meines „Abganges".

Erste Eintragung: „Der Tag danach"

Den gestrigen Abend werde ich „mein Leben lang" nicht vergessen. Die Tatsache, dass ich nicht mehr unter den Lebenden weile, dennoch weiter existiere, ist mir voll bewusst, wenn auch kaum begreiflich. Heute, 24 Stunden später, habe ich begonnen, die Ereignisse der vergangenen Stunden – zunächst im erdnahen Orbit, später auf einer kurzen Reise zur „Seelen-Sammelstelle" beim Jupiter-Mond Io – sowie alle zukünftigen Abenteuer in einer mir unbekannten Zukunft zu Papier zu bringen, wobei ich zunächst einmal den Versuch unternehmen will, meine allerersten Eindrücke und Gefühle im All, so gut es nur geht, zu beschreiben.

Ich kreise jetzt schon seit vielen Stunden, örtlich und zeitlich voll orientiert, um den Jupitermond Io und genieße – so unglaublich das auch klingen mag – ein Gefühl der unendlichen Erleichterung, Dankbarkeit und Verwunderung über die Erkenntnis, dass mit dem Dahinscheiden des Menschen nicht „alles vorbei ist" und das „Leben" – oder genauer gesagt die bewusste Existenz – nie erlischt. Am liebsten würde ich auf der Stelle meine Familie und Freunde, genau genommen die gesamte Menschheit, kontaktieren und ihnen diese „gute Nachricht" mitteilen, obgleich mir klar ist, dass dies – zum jetzigen Zeitpunkt – ein Ding der Unmöglichkeit ist.

Doch kehren wir zurück zu den allerersten Momenten im Erdorbit, als ich erstmalig den weit unter mir liegenden, in sämtlichen Blauschattierungen schimmernden, von weißen Wolkenteppichen bedeckten Heimatplaneten umrundete. Sobald ich nach oben blickte – oder das, was mir subjektiv als „oben" vorkam –, sah ich tausende und abertausende juwelengleich funkelnder Sterne sowie die das Sonnenlicht hell reflektierenden Planeten Jupiter, Saturn und Mars, das Band der Milchstraße und eine große Zahl von unendlich weit entfernten Galaxien in einer Farbenpracht und Klarheit, wie sie Menschen von der Erde aus – infolge des störenden Einflusses der Erdatmosphäre – niemals beobachten können.

Nach und nach kehrte die Erinnerung an die vergangenen Tage und Stunden bis zu meinem ziemlich unerwarteten und plötzlichen Tod zurück. Unerwartet, weil selbst unser Hausarzt, ein Internist von Weltruhm, mir erst vorgestern exzellente Fitness und Gesundheit bestätigt hatte. Er meinte sogar, dass ich trotz 25 Kilogramm Übergewicht mindestens 120 Jahre alt werden würde; aber irren ist menschlich, und ich will ihm großzügig vergeben. Ich entsann mich sogleich (soll ich mich dafür schämen?) des letzten opulenten Abendmahls im *Goldenen Kalb* – einem Drei-Hauben-Lokal der allerersten Kategorie, das in allen bedeutenden Gourmet-Zeitschriften mit höchstem Lob bedacht wird –, und sogleich lief mir das Wasser im Mund zusammen (natürlich nur bildlich gemeint), als ich an die Menüfolge der vergangenen Nacht zurückdachte. Es bestand aus gebratener Gänseleber, einem Blue-

Nose-Brassenfilet, Muschel-Teigtaschen, Hummer mit Stubenkücken, Möhren in Buttersauce und abschließendem Mangosouffle mit Marsala-Pfirsich und Mascarponecreme, all dies begleitet von einem eleganten feinen Chardonnay mit kräftiger Säure und charakteristischem Feuersteingeschmack.

Dann erinnerte ich mich auch an einen plötzlich auftretenden Schmerz im Brustbereich, an Kurzatmigkeit, Übelkeit und daran, dass mir gleichzeitig schwarz vor den Augen wurde.

Augenblicklich stürzte ich zu Boden – oder genauer gesagt, ich sah mich auf dem Marmorboden des Lokals liegen, erstaunt über ein aufgedunsenes, mir fast fremdes, blau angelaufenes Gesicht mit heraushängender Zunge. Ich beobachtete – jetzt knapp unterhalb der vergoldeten Decke des Lokals schwebend – verwundert, ja leicht amüsiert, wie ein entsetzter Kellner sowie der herbeigerufene aalglatte Direktor des Restaurants und meine kurvenreiche Begleiterin sich über meinen leblosen Körper beugten und einen zwecklosen Versuch der Wiederbelebung unternahmen. Scharfsinnig realisierte ich sogleich, dass ein Herzinfarkt meinem Leben ein abruptes Ende gesetzt hatte, doch so seltsam es klingen mag, empfand ich weder Bedauern noch Entsetzen über diese Erkenntnis.

Eigenartigerweise fiel mir just zu diesem Zeitpunkt die letzte Freitagabendpredigt ein, die ich in meiner Eigenschaft als Reformrabbiner vor versammelter Gemeinde gehalten und in der ich die Anwesenden, äußerst überzeugend, vor den schrecklichen Sünden der modernen Welt – übertriebenem Materialismus, sexuellen Ausschweifungen, Völlerei und Missachtung der

Kaschrutgesetze (der ehrwürdigen jüdischen Speise-vorschriften) – gewarnt hatte.

Doch für Reue war es nun anscheinend zu spät, denn ich entschwebte bereits langsam durch die Entlüftungs-anlage des Restaurants in Richtung Firmament, wäh-rend ich weit unter mir die jetzt schwächer werdenden Lichter meiner Heimatstadt erblickte. Aus großer Fer-ne hörte ich deutlich den heulenden Ton einer Sirene, offensichtlich eines Rettungswagens, der vermutlich meinetwegen – und viel zu spät – mit überhöhter Ge-schwindigkeit unterwegs war. Bald darauf durchstieß ich die silbrige Wolkendecke und erblickte über mir einen hell erleuchteten, scharf konturierten, von Kra-tern und grau-bräunlichen Ebenen übersäten metallisch glänzenden Vollmond.

Noch bevor es mir möglich war, einen klaren Ge-danken zu fassen, vernahm ich eine leise, doch deutlich vernehmbare sanfte Harfenmusik, die den Raum um mich zu erfüllen schien, und von überall und nirgend-woher ertönte, die mir nicht unbekannte „Hawa Nagi-la"- („Lasst uns freudig sein"-) Melodie. Gleichzeitig hörte ich eine wohltönende, wenn auch nicht ganz ak-zentfreie Stimme – ich vermutete sogleich einen leich-ten aramäischen Einschlag –, die mir leise und beruhi-gend zuflüsterte: „Sei klug, mein Sohn, und mach keine unnötigen Schwierigkeiten, ändern kannst du sowieso nichts an deiner Situation. Alles, was du jetzt sagst, kann zum gegebenen Zeitpunkt gegen dich verwendet werden; Reden ist Silber, doch Schweigen ist Gold. Setze nun deine Reise fort, sobald du im Orbit ange-langt sein wirst, erhältst du weitere Instruktionen. Wir wünschen einen angenehmen Flug." Nach Vernehmen dieser ungemein tröstenden und beruhigenden Worte beschleunigte ich, in freudiger Erwartung kommender Ereignisse, meinen Aufstieg und schwenkte – wie vorgeschrieben – in eine kreisförmige Erdumlaufbahn ein.

Die ersten Stunden im Orbit verbrachte ich mit wissenschaftlichen Beobachtungen der Erde und des erdnahen Weltalls, doch langsam verflog die Faszination des Unbekannten, und das Gefühl der Langeweile stieg in mir auf. In großer Distanz bemerkte ich bisweilen einige mir freundlich zuwinkende menschenähnliche Gestalten, die scheinbar genauso wie ich aus einer annähernd durchsichtigen gallertartigen Masse bestanden, deren Kontur infolge einer leicht grünlichen Fluoreszenz in ihrem Randbereich überraschend klar zu erkennen war. Nach und nach erblickte ich auch größere Gruppen unterschiedlichster Tiere, darunter Elche, Krokodile, Schlangen und Ratten, die alle friedlich ihre Bahn um die Erde zogen. Fasziniert untersuchte ich nun den eigenen Leib und bemerkte zu meinem großen Erstaunen, dass es mir – bei einiger Willensanstrengung – leicht möglich war, die Leibesstruktur, oder was davon übriggeblieben war, nach Belieben, vielleicht nach Art der Amöben, zu verändern und punktuell zu verdichten.

Im Verlauf der siebzigsten Erdumrundung erlebte ich eine Begegnung der besonderen Art: Die russische Weltraum-Station *Mir* kreuzte in einer unkontrolliert-torkelnden Bewegung meine Flugbahn. Eine Besatzung schien sich nicht an Bord zu befinden, was mich in Anbetracht des desolaten Zustandes der Raumstation nicht überraschte. Aus mehreren Rissen im Rumpf verlor sie die unterschiedlichsten Ausrüstungsgegenstände, wie Bordcomputer, Sitze, Tische und noch diverse Kleinigkeiten. Ohne große Mühe gelang es mir, etliche dieser Gegenstände an mich zu nehmen, darunter mehrere russische Taschenuhren, einige Flaschen Wodka, ein leeres Notizbuch, mehrere bunte Farbstifte und Kugelschreiber, Lockenwickler, zwei Kondompackung und eine lederne Damenhandtasche. Zu diesem Zeitpunkt konnte ich noch nicht ahnen, wie wertvoll einige dieser Gegenstände für mich in Zukunft sein sollten.

Kurz danach meldete sich wieder die mir schon vertraute sonore Stimme, und ich vernahm die folgenden Worte: „Im Namen von El-All-Touristik entschuldigen wir uns für den verspäteten Beginn deiner Reise. Grund ist eine Luftraumüberlastung im Bereich des Planeten Jupiter als Folge eines Erdbebens in Japan. Doch nun kann es losgehen. Du wirst höflichst ersucht, dich ohne Verzug zur nächsten Sammelstelle, den Jupiter-Mond Io zu begeben; dort erwartet dich und all deine Mitreisenden der 'Gute Hirte', euer Reisebegleiter. Die Entfernung zum Mond Io beträgt heute 631 Millionen Kilometer, eine Distanz, die du als Einzelreisender und bei halber Lichtgeschwindigkeit in knapp 70 Minuten zurücklegen wirst. Wir bitten dich, aus Sicherheitsgründen, diese geringe Geschwindigkeit unter keinen Umständen zu überschreiten, da ansonsten ein rechtzeitiges Bremsmanöver nicht mehr eingeleitet werden kann. Wir ersuchen um Verständnis, dass wir bei Kurzflügen keine Erfrischungen servieren können. Details über den weiteren Verlauf der Reise erfährst du am Zielort. Wir wünschen einen angenehmen Flug."

Unmittelbar nach dieser Verlautbarung verspürte ich einen leichten Ruck, und eine sanfte Vibration erfasste – als Ausdruck der nun einsetzenden Beschleunigung – meine Gallertmasse. Ein Blick zurück auf die jetzt rasch kleiner werdende Erdkugel zeigte mir endgültig, dass ich im Begriff stand, eine Reise ohne Wiederkehr in ein der Menschheit unbekanntes Land anzutreten.

Die Route führte mich – oder sollte ich sagen „uns", denn in größerer Entfernung folgten mir unzählige Mitreisende – zunächst knapp am Mond vorbei, und schon nach wenigen Minuten erblickte ich die rasch größer werdende Scheibe des roten Planeten Mars, dessen weiße Polarkappen in scharfem Kontrast zu seinen von Kratern aller Größe übersäten rostfarbenen Ebenen standen. Gerne hätte ich auch den gewaltigsten, längst erloschenen Vulkan des Sonnensystems – Olympos Mons – und die beiden Mars Trabanten – Phobos und Deimos – gesehen, doch die hohe Eigengeschwindigkeit erlaubte mir keine weiteren präzisen astronomischen Beobachtungen.

So passierten wir den Mars, um bald darauf eines der großartigsten Naturwunder unseres Sonnensystems zu erblicken, den Riesenplaneten Jupiter. Schon aus großer Entfernung bemerkte ich die rot-braun-gelben-Schattierungen seiner parallel zueinander verlaufenden, von einem großen roten Flecken – einem Wirbelsturm unvorstellbaren Ausmaßes – dominierten Wolkenstreifen und vier seiner 92 Trabanten, die bekannten Galileischen Monde: Ganymed, Europa, Callisto und Io. Um nicht am vorgegebenen Ziel – dem Mond Io – vorbeizuschießen, musste ich nun die Eigengeschwindigkeit reduzieren, ein Manöver, das mir leicht gelang, und schon bald beherrschte die gewaltige Scheibe des Jupiters mein gesamtes Gesichtsfeld. Exakt 69 Minuten und 10 Sekunden nach Verlassen des Erdorbits schwenkte ich in eine kreisförmige Bahn um den Mond Io, einem Himmelskörper von der Größe unseres irdischen Mondes, der seit einigen Jahren wegen seiner unglaublichen vulkanischen Aktivität unter Astronomen berühmt ist. Ios Anblick ist wirklich furchterregend, denn seine gelb-orange gefärbte Oberfläche ist zum Großteil von flüssigem Schwefel bedeckt, der periodisch in gewaltigen Eruptionen aus dem Inneren des Mondes bis in die höchsten Schichten seiner Atmosphäre emporgeschleudert wird.

Während ich nun seit vielen Stunden – in Erwartung kommender Entwicklungen – den Mond Io umrundete, schweiften meine Gedanken zur Erde zurück, und ich fragte mich immer wieder, wie meine Frau und die schon erwachsenen fünf Kinder sowie Freunde und Gemeindemitglieder den plötzlichen Abgang ihres Oberhauptes verkraften würden.

Ich versuchte, mir auch die Reaktion und die Gedanken meiner Freunde und Gemeindemitglieder vorzustellen: Wird auch nur einer von ihnen die Möglichkeit in Betracht ziehen, dass ich gerade jetzt – in einer neuen Daseinsform – an sie denke und im Begriff stehe, geheimnisvolle Dimensionen der Schöpfung kennenzulernen? Wie gerne hätte ich ihnen von allen Beobachtungen und Entdeckungen berichtet und auch von meinen großen Erwartungen in Hinblick auf das zukünftige jenseitige „Leben" – einer Existenz, die ich als Rabbiner in unzähligen Predigten, manchmal auch gegen meine eigene Überzeugung wortgewaltig und völlig unzulänglich schilderte – erzählt.

Doch jetzt will ich die erste Notizbucheintragung beenden und gelassen abwarten, wie sich die Dinge weiter entwickeln werden.

3.4.2010

Die vergangenen Stunden brachten allerlei Überra-
schungen mit sich und viele neue interessante Erkenntnisse, die ich der Menschheit, und vor allem den Theologen und Astronomen der Erde, nicht vorenthalten
will.

Zunächst möchte ich über den Sinn und Zweck der
Zwischenstation Io berichten, dem Ort der ersten Begegnung mit dem „Guten Hirten" – seinen irdischen
Namen wollte er nicht verraten –, der mich und alle
übrigen Jenseitstouristen aufs Herzlichste begrüßte. Er
ist ein kleingewachsener, jugendlich wirkender Mann
mit einem schmalen Gesicht und tiefschwarzen locki-
gen Haaren, dessen Muttersprache – wie er uns stolz
erklärte – Aramäisch ist (er beherrscht aber auch einige der wichtigsten lebenden Erdsprachen wie Chine-
sisch, Englisch, Hebräisch und Finnisch). Was uns alle
am meisten in Staunen versetzte, waren seine riesen-
großen blendend weißen Flügel, die er aber nur beim
Zurücklegen großer Entfernungen gebraucht. Wir alle
– Männer, Frauen und Kinder – drängten uns um den
„Guten Hirten" und versuchten natürlich, möglichst
fromm, freundlich und bescheiden zu wirken, um auf
ihn einen günstigen Ersteindruck zu machen. Der Hirte
– wir gaben ihm, in Erinnerung an Erzvater Abraham,
der ja auch ein Hirte war, später den Spitznamen Abi –
erzählte, dass er seit bald 2000 Jahren Karawanen ins
Jenseits begleitet, und gab uns, wie es sich für einen
seriösen Reiseleiter gehört, einige wichtige Erläuterungen, die ich nun kurz wiedergeben will.

Falls ich alles richtig verstanden habe – er ver-
mischte nämlich während seiner Ansprachen Wörter

aus diversen bekannten und unbekannten Sprachen und stottert ein wenig –, ist der Mond Io die Sammelstelle für alle „Standard-Paradies"-Kandidaten. Nebenbei erwähnte er auch, dass – erfahrungsgemäß – nur wenige seiner „Schützlinge" die Paradies-Eintrittsprüfung erfolgreich bestehen und wir, seiner Einschätzung nach, noch um einiges schlechter abschneiden würden als die meisten unserer Vorgänger. Dann gab er den durch seine Enthüllungen unruhig gewordenen Zuhörern noch den wohlgemeinten Rat, vor Reiseantritt die einmalige Gelegenheit, Schwefelbäder auf Io zu genießen, keinesfalls zu verpassen, da ein Sitzbad in den heißen Quellen dieses Mondes uns allen einen kleinen Vorgeschmack auf die weniger erfreulichen Jenseits-Perspektiven vermitteln würde.

Ich persönlich machte von seinem großzügigen Angebot keinen Gebrauch, vor allem deswegen, weil ich davon überzeugt war, schon aus beruflichen Gründen für das Paradies bestens qualifiziert zu sein, und außerdem Schwefelbäder bei mir seit frühester Kindheit allergische Reaktionen auslösen. Noch knapp vor unserer Abreise gab Abi der wartenden, zunehmend ungeduldig werdenden Menge einige letzte Reiseinformationen: So erklärte er, dass jedem Reisenden ein eigenes „Weltall-Kamel" zur Verfügung gestellt wird – gemeint ist ein bemerkenswert konstruiertes, kamelartig aussehendes, aus komprimierten Neutrinos bestehendes kosmisches Fahrzeug –, in dem die Gruppe durch das All ziehen soll. Sehr aufschlussreich war auch seine lapidare Mitteilung, dass wir uns im Weltall rund einen Monat lang – vorerst bis zum Sternbild des Orion – mit 35.000-facher und danach mit 300.000-facher Lichtgeschwindigkeit in Richtung Zentrum unserer Galaxis fortbewegen werden.

Auf meine naive Frage, wie es denn möglich sei, die Lichtgeschwindigkeit zu überschreiten – was nach dem heutigen Stand der Wissenschaft ein Ding der Unmöglichkeit ist –, erwiderte Abi nur achselzuckend, dass himmlische Fahrzeuge nicht auf kosmisch-physikalische Gesetzmäßigkeiten Rücksicht nehmen müssten und sich der werte Professor Einstein hier gründlich geirrt habe. Diese sensationellen Erkenntnisse müssen, so schwer es ihnen auch fallen mag, unsere irdischen Wissenschafter zur Kenntnis nehmen. Wir werden – und das will ich allen wissenschaftlich Interessierten berichten – mit einer Geschwindigkeit von bis zu 90 Milliarden Kilometern in der Sekunde die Distanz von rund 30.000 Lichtjahren bis zum Zentrum der Galaxis in nur wenigen Wochen zurücklegen (wirklich erstaunlich!). Was uns dort alles bevorsteht, kann ich bestenfalls vermuten, doch warten wir einfach auf eine diesbezügliche Erklärung unseres Reiseleiters.

Einige Stunden später und nachdem ein Großteil der Mitreisenden ihr erfrischendes Schwefelbad auf Io beendet hatte, formierte sich – endlich zum Aufbruch bereit – die gut 100 Kilometer lange Karawane. Auch ich bestieg ein offensichtlich ungeduldig wartendes „Kamel". Abi, der das Jammern vieler Reiseteilnehmer und die Proteste einiger Damen gegen diese „unfeine Art" des Transports heldenhaft ignorierte, bestand auf die Bildung von Zweierformationen, befahl uns, diese Marschordnung während der gesamten Reise strikt einzuhalten und – „aus sozialen Gründen" – alle 24 Stunden einen Partnertausch vorzunehmen. Dann schwang sich der „Gute Hirte" elegant auf sein weißes „Leitkamel" und blies zum Abmarsch in ein mitgeführtes Widderhorn. Nach und nach verstummten die vielen zwecklosen Proteste der Reisenden, und die Karawane setzte sich langsam in Bewegung.

Die Route führte uns – bei zunehmender Geschwindigkeit – zunächst am majestätisch wirkenden Ringplaneten Saturn vorbei, dessen aus Eis und Steinbrocken aller Größen bestehende Ringe und unzählige Monde den „Touristen" ein grandioses Bild boten, und schon wenig später erblickten wir die bläulich schimmernden peripheren Planeten unseres Sonnensystems, Uranus und Neptun, beide ebenfalls von dünnen Ringen umgeben. Den Zwergplaneten Pluto konnten wir leider nicht beobachten, dafür entdeckte ich den von den Wissenschaftern stets postulierten, doch nie gesichteten „Transpluto", einen Riesenplaneten von dreifacher Jupitergröße, der aber auf Grund seiner dunklen Materie so gut wie kein Licht reflektiert und somit von der Erde aus nicht beobachtet werden kann. Hiermit erhebe ich Anspruch, sein Erstentdecker zu sein! Jetzt befanden wir uns am äußersten Rand des Sonnensystems, auf einer Reise ohne Wiederkehr in ein unbekanntes, unvorstellbar fernes und sicherlich wunderbares Land.

5.4.2010

Der gestrige Tag verlief – sieht man vom ersten Weltraum-Dinner an Bord des „Kamels" ab – völlig ereignislos. Jeder der Reisenden erhielt ein Paket Tiefkühl-Manna mit dem Geschmack von überreifen Bananen. Abi bat alle Reisenden um Verständnis für die mäßige Qualität der Verpflegung und erklärte, dass frisches Himmels-Manna um vieles besser schmecke, doch auf derart langen Reisen sei es unmöglich, bessere Ware zu liefern. Ich vermute, er meinte auch, dass körperlose Gallerten problemlos ganz ohne Nahrung auskommen könnten.

Heute Morgen passierte uns mit hoher Geschwindigkeit ein gigantisches, elliptisch geformtes, grünes UFO (auf Erden als „fliegende Untertasse" bekannt), auf dessen Deck wild aussehende, bärtige, meist Turban tragende Männer standen und den „Kamelen", die sie offensichtlich an ihre eigene Heimat erinnerten, fröhlich zuwinkten. Der Spuk dauerte nur wenige Sekunden, dann war das UFO verschwunden. Abi lieferte mir sofort eine passende Erklärung für dieses Phänomen: Es handele sich – sagte er – um einen jener Luxustransporte ins Paradies, die einigen wenigen, besonders verdienstvollen Erdbewohnern zustehen, im speziellen Fall lauter Selbstmordattentäter, die zu höheren Ehren Gottes mehrere Ungläubige in die Luft gesprengt hätten und sich nun auf der Überfahrt ins „Exquisit-Paradies" befänden. Jedenfalls ist jetzt endlich das Geheimnis der unbekannten fliegenden Objekte gelüftet, um die es auf Erden seit langem viele abenteuerliche Spekulationen gibt.

6.4.2010

Wir reisen – wie von Abi angeordnet – in Zweierformationen durch das All. Bald lernte ich einige der Mitreisenden kennen, im Allgemeinen nette, freundliche und harmlos daherplaudernde Zeitgenossen, von denen ich jedes Detail ihrer diversen Beschwerden und Erkrankungen auf Erden erfahren durfte. Die meisten von ihnen klagten über Verstopfung, Sodbrennen, Fettleibigkeit, hohen Blutdruck und Zahnfleischbluten. Einige erklärten stolz, niemals krank gewesen zu sein, und das trotz hohen Alkohol- und Zigarettenkonsums. Manche, besonders jüngere Männer, berichteten verzückt von ihren zahlreichen sexuellen Abenteuern auf Erden und erwarteten, im Paradies die höchste sexuelle Erfüllung, natürlich bei freier Partnerwahl, zu erlangen. Andere wiederum waren über die Tatsache höchst erstaunt, ja schockiert, dass Angehörige „falscher" Religionen sich inmitten der Karawane befanden, und einige wenige drückten ihre Hoffnung aus, im Paradies keine Schwarzen, Zigeuner und Juden anzutreffen. Auf meine Bemerkung, dass ich als jüdischer Reform-Rabbiner hier wohl ebenfalls „fehl am Platz sei", versicherten sie mir umgehend, dass sie eigentlich nichts gegen Juden hätten und viele ihrer besten Freunde sowieso Juden waren.

Nur einer der Reisegefährten weigerte sich hartnäckig, mit mir zu sprechen; einmal versuchte er, mich sogar anzuspucken, verfehlte sein Ziel aber um mehrere Meter. Später erfuhr ich, dass sein Verhalten auf die Tatsache zurückzuführen ist, dass ihm meine Funktion als Reformrabbiner bekannt war und er, als Anhänger des heiligen Rabbiners Pinchas Horowitz – ein Politiker der orthodoxen Agudat-Israel-Partei in Israel – den Reformjuden die „Schuld am Holocaust" und der „Verwässerung des Judentums" anlastet.

Heute erfuhren wir von Abi einige weitere Details über unsere Reiseroute. Zum jetzigen Zeitpunkt sind wir bloß mit 35.000-facher Lichtgeschwindigkeit zum Stern Alpha-Beteigeuze unterwegs, einem roten Riesenstern in der Schulter des Sternbildes Orion, der sich in einer Erdentfernung von 627 Lichtjahren befindet.

Diejenigen meiner Leser, die sich in Astronomie ein wenig zurechtfinden, kennen sicherlich diese wunderbare Sternkonstellation am nördlichen Winterhimmel. Wissenschafter vermuten, dass er – wie alle Riesensterne – in absehbarer Zeit als Supernova, in einer mächtigen, alles vernichtenden Explosion, enden wird. Da diese Sternkatastrophe von der Himmelsbürokratie für den 10.4.2010 vorprogrammiert ist und somit sämtliches Leben auf allen siebzehn Planeten dieses Sonnensystems schlagartig vernichtet wird, erhielt unser „Guter Hirte" den himmlischen Auftrag, die Karawane dort vorbeizusteuern, um die Paradies-Kandidaten des Beteigeuze-Sonnensystems, auf deren Aussehen ich äußerst gespannt bin, gleich einzusammeln.

Viele Mitreisende – so auch mehrere jüdische, islamische und christliche Theologen – waren über diese Mitteilung sichtlich erstaunt, ja erschüttert und meinten, dass Abi sie nur auf die Probe stellen wolle, um ihre Treue zur einzig wahren Lehre, nämlich dem Dogma von der Einmaligkeit des Lebens auf Erden, zu überprüfen. Mein heutiger Nachbar, ein großgewachsener, hagerer und streng aussehender katholischer Pfarrer, beschwor mich, auf Abis Worte nicht zu hören, um ja nicht auf falsche, ja blasphemische Ideen zu kommen. Als ich ihm freundlich klar machte, dass ich als Reformrabbiner mit der Vorstellung vom Leben auf fremden Planeten keinerlei Probleme hätte, war der gute Mann zunächst völlig sprachlos, nach einer kurzen Denkpause erneuerte er die Unterhaltung und flehte mich händeringend an, von meinem gefährlichen Irrglauben zu lassen. Er schlug mir auch vor, mich an Ort und Stelle zu taufen, und begründete sein freundliches Angebot damit, dass für alle Ungläubigen (Juden, Moslems, Protestanten und andere) das Tor zum Paradies versperrt bleiben würde. Ich dankte ihm für seine gut gemeinte Offerte und bat um einige Tage Bedenkzeit.

7.4.2010

Heute verteilte Abi Tiefkühl-Manna mit dem Geschmack von Mazzes. Der Brauch zum Pessachfest, Mazzot (ungesäuertes Brot) zu essen, geht auf Exodus Kapitel 12 zurück, wo berichtet wird, wie die Israeliten beim überstürzten Auszug aus Ägypten ungesäuertes Brot (in Form flacher Brotfladen) mitnahmen. Zum Gedenken an diesen Auszug aus Ägypten essen Juden zum Sedermahl und während der ganzen Pessachwoche Mazzot und kein gesäuertes Brot.

Abi berichtete auch, dass im jüdischen Paradies Jahr für Jahr ein wunderbarer Seder, unter Beteiligung von Augenzeugen des Auszugs aus Ägypten, gefeiert werde.

8.4.2010

Wir rasen nun mit 35.000-facher Lichtgeschwindigkeit in Richtung Alpha-Beteigeuze. Der Stern ist als tiefrote blendende Scheibe gut sichtbar und scheint periodisch zu pulsieren. In wenigen Stunden werden wir unsere Geschwindigkeit vorsichtig reduzieren müssen, um nicht am Planetensystem der Riesensonne vorbeizurasen.

Obwohl Abi alle Hände voll zu tun hatte, unter anderem auch mit der Besänftigung der vielen unzufriedenen Reisenden, die ihm ständig drohten, sich nach der Ankunft im Paradies beim Chef persönlich über Langeweile, schlechte Kost und Unbequemlichkeit der Sitze während der langen Reise zu beschweren, fand er ein wenig Zeit, über das Leben im Paradies zu plaudern, um seine Schützlinge behutsam auf kommende Ereignisse geistig vorzubereiten. In schlichten, ergreifenden Worten beschrieb er mit sanfter Stimme unser Ziel, das „Standard-Paradies" und erwähnte – ohne die himmlischen Einteilungskriterien näher zu erläutern – drei unterschiedliche Paradies-Kategorien: „Standard", „Deluxe" und „Exquisit". Er schwärmte von lieblichen, blühenden Wiesen, von golden schimmernden Seen und Flüssen und beschrieb, wie geflügelte Gallerten auf sanft dahintreibenden rosafarbenen Wohnwolken, begleitet vom herrlichen Gesang der Engel, himmlische Melodien auf ihren goldenen Harfen anstimmen. Ich erfuhr auch, dass im jüdischen „Standard-Paradies" zwei Amtssprachen zugelassen seien: Aramäisch (die Umgangssprache im alten Israel) und Jiddisch (die Sprache der osteuropäischen Juden, sie entstand im Mittelalter auf der Grundlage mittelhochdeutscher Dialekte durch Aufnahme von hebräischen und slawischen Wörtern), und jeder Neuankömmling eine dieser beiden Sprachen erlernen müsse. Da mir das Lernen von Fremdsprachen nicht leichtfällt, war ich über diese Neuigkeit wenig erfreut, doch alles andere klang außerordentlich vielversprechend.

Zwischendurch gab es auch große Aufregung unter den eher konservativ orientierten Reisenden, als nämlich Abi erwähnte, dass neben den schon genannten Paradieskategorien auch eine eigene himmlische Abteilung für Tiere existiert. Sie alle protestierten energisch gegen die Vorstellung von einer „tierischen Seele" und planten – gleich bei ihrer Ankunft – Protestaktionen gegen derartige paradiesische Missstände einzuleiten.

10.4.2010

Vor wenigen Stunden wurden wir Zeugen eines großartigen und beängstigenden Naturschauspiels. Alpha-Beteigeuze verwandelte sich – wie von Abi vorhergesagt – in eine Supernova. Innerhalb von nur wenigen Sekunden blähte sich der Stern auf und explodierte in einem gewaltigen gelb-orangen Feuerball. Obwohl unsere Kolonne noch rund zwei Lichtmonate vom Ziel entfernt ist, wurden wir von einer starken Druckwelle gehörig durcheinandergewirbelt und von einem grellen Lichtblitz heftig geblendet. Manche der Reisenden begannen laut zu beten, andere erstarrten zur Salzsäule, ein kleiner Teil der Mitreisenden hingegen schien über das Ende der Weltraumlangeweile höchst erfreut und applaudierte begeistert. Ich weiß nicht, wie vielen von ihnen zum jetzigen Zeitpunkt bewusst war, dass in diesem Augenblick und mit einem Schlag ein ganzes Planetensystem zerstört wurde, dass – höchstwahrscheinlich – Milliarden Lebewesen in diesem kaum vorstellbaren Inferno den Tod fanden.

Auf Befehl unseres „Guten Hirten", der vom Ereignis völlig unbeeindruckt schien, verlangsamte die Kolonne ihre Geschwindigkeit, und auf sein Handzeichen schwärmten hunderte, bis zu diesem Zeitpunkt unsichtbare Helfer – hundeartige zwei- und dreiköpfige, geflügelte Wesen – aus, um die Opfer der Explosionskatastrophe an Bord zu holen.

11.4.2010

Jetzt sind wir komplett, und die Reise ins Jenseits kann mit Höchstgeschwindigkeit fortgesetzt werden. Von den insgesamt siebzehn verdampften Planeten des Alpha-Beteigeuze befinden sich rund einhundertsiebzig Kreaturen in unserer Mitte (genauer gesagt am Ende der Karawane), der Rest der Bevölkerung – an die 100 Milliarden Seelen – ist laut Abi, aus moralischen Gründen, nicht paradieswürdig. Die meisten der neuen Mitreisenden sind rund dreißig Zentimeter lange wurmartige, gelblich schimmernde, großköpfige schleimige Wesen, andere wiederum dreibeinige Kolosse, die am ehesten an eine Kreuzung aus Giraffen und Kängurus erinnern. Der Rest hat eine gewisse Ähnlichkeit mit übergroßen, fünf Meter langen, rosa gefärbten Fledermäusen. Wegen ihrer „unerträglichen Hässlichkeit" haben einige selbsternannte Fürsprecher der Menschheit beschlossen, gleich bei ihrer Ankunft im Paradies einen Antrag zur Verbannung dieser abstoßend aussehenden Kreaturen einzubringen.

Die Karawane reist jetzt mit 300.000-facher Lichtgeschwindigkeit auf direktem Weg zum Zentrum unserer Galaxis, wo wir in rund drei Wochen auf ein „Schwarzes Loch" treffen könnten. Das ist zumindest meine persönliche Vermutung; ich bin sicher, dass Abi uns noch rechtzeitig über alle Details informieren wird. Infolge der großen Geschwindigkeit, von der wir subjektiv aber nichts spüren, sind astronomische Entdeckungen nicht mehr möglich, doch gelegentlich beobachten wir vorbeiflitzende UFOs, in denen offensichtlich bestens gelaunte, fröhlich winkende Passagiere auf direktem Weg zum „Exquisit-Paradies" und seinen Jungfrauen befördert werden. Inzwischen weiß ich, dass man von der Farbe der fliegenden Untertassen auf deren Insassen schließen kann. Denn in den schwarzen Flugobjekten sitzen hohe christliche Würdenträger, in den Grünen verdiente Moslems, in den blau-weiß lackierten fromme jüdische Kollegen und in den gelb gefärbten Flugobjekten befinden sich hervorragende Persönlichkeiten aller anderen Konfessionen.

17.4.2010

Die vergangenen Tage verliefen etwas eintönig. Die meisten Reisenden verhielten sich still, einige vertrieben sich die Zeit mit Kartenspielen (Abi erweist sich als sehr großzügig, nur Pokern ist strengstens untersagt) und Meditation.

Heute begannen mehrere Einführungs- und Informationskurse zum Thema „Jenseits". Pflichtfächer sind: „Allgemeine Informationen" und „Grundbegriffe der aramäischen oder jiddischen Sprache", als Freifach stehen „diverse Volkstänze" im Angebot. Während Abi für die „Allgemeinen Informationen" zuständig ist, sind ihm untergeordnete Engel für alle anderen Themen als Kursleiter vorgesehen. Unsere erste Lektion in „Allgemeine Informationen" erhielten wir „auf leerem Magen", also noch vor dem morgendlichen Manna-Frühstück, worüber sich viele der Mitreisenden schrecklich aufregten. Ich kann zwar die Empörung der Massen verstehen, doch akzeptiere und teile ich Abis Meinung, dass ein allzu nahrhaftes Frühstück der Konzentration- und Lernfähigkeit nicht förderlich sei, zumal uns zur Erweiterung unserer Kenntnisse ja nur noch knappe zwei Wochen bis zur Ankunft im Jenseits zur Verfügung stehen.

An dieser Stelle will ich – ohne auf allzu viele Details einzugehen – über die wesentlichsten, für mich teilweise sehr überraschenden, neuen Einsichten berichten.

Mein derzeitiger Wissensstand kann in wenigen Sätzen zusammengefasst werden:

1. Paradies und Hölle sind keine Hirngespinste unserer irdischen Theologen, sondern kristallklare Realität.

2. Paradies ist nicht gleich Paradies. Aus Gründen der Logik, der Moral und der Vernunft haben die himmlischen Behörden drei voneinander durch Polarlichterzäune getrennte Paradies-Kategorien eingerichtet: „Paradies Standard", „Paradies Deluxe" und „Paradies Exquisit". Dieser Polarlichterzaun trennt nicht nur die drei Paradiese voneinander, sondern umgibt auch das gesamte Paradiesgelände, dessen äußere Begrenzung – wie schon in der Bibel (Genesis 2, 10-14) berichtet – vom reißenden Fluss Pischon markiert wird. Da es in den vergangenen Jahrhunderten zu mehreren unerlaubten Grenzüberschreitungen gekommen ist, wurden die Zäune, mit Hilfe ostdeutscher Experten, aufgestockt und abgedichtet. Um den himmlischen Frieden für alle Zeiten abzusichern, haben die Verantwortlichen in ihrer großen Weisheit auch beschlossen, diese drei Paradies-Kategorien in durch höllische Lavaströme voneinander separierte Unterbezirke einzuteilen: einen Garten Eden für Erdmenschen, Areale für die Bewohner fremder Planeten und ein Reservat für Tiere. Eine

weitere – mir unverständliche, von den meisten Reisenden aber durchaus begrüßte – Unterteilung der Paradiese erfolgt nach religiöser Zuordnung der Gallerten. So existieren durch tiefe, mit Schwefelsäure gefüllte Gräben voneinander separierte jüdische, christliche, moslemische und „andere" Gebiete. Über die Qualitätsunterschiede zwischen den einzelnen Paradies-Kategorien wurden wir bisher nicht im Detail aufgeklärt, auf eine diesbezügliche Anfrage erhielt ich keine klare Antwort.

3. Es steht fest, dass wir – die Paradieskandidaten – im Jenseits einer strengen Eignungsprüfung unterzogen werden. Als Chefprüferin fungiert im jüdischen Paradies die strenge biblische Richterin Debie (für Christen ist, wie allgemein bekannt, Petrus verantwortlich), wobei während des Examens der Wahrheitsgehalt aller Antworten durch einen aus Washington neu eingeführten Lügendetektor überprüft wird. Dieses wundervolle Gerät – Modell „Watergate" – wird von einem höchst kompetenten Engel namens Tricky Dicky (bürgerlicher Name: Dick Nixon) virtuos bedient. Kandidaten, die diese Prüfung erfolgreich bestehen, müssen sich zunächst eine Zeit lang im Vorhof zum Paradies aufhalten, um dort durch Intensivkurse auf ihr zukünftiges „Leben" im „Standard-Paradies" vorbereitet zu werden. Die vielen Unglücklichen, die das Examen aber nicht bestehen, sind zum Abtransport in die Hölle verdammt.

Der aramäische Sprachkurs, an dem ich mit wenig Begeisterung teilnehme, wird von einem stets übelgelaunten Engel namens Elieser geleitet, der vor 2000 Jahren ein Jahrhundert lang auf dem Boden Judäas Dienst tat und dort die damalige Umgangssprache – aramäisch – erlernte. Das Studium von Sprachen fiel mir leider nie leicht, und trotz all meiner Bemühungen, einige Grundbegriffe dieser Sprache zu erlernen, ist der Lernerfolg noch sehr gering.

Heute habe ich auch den ersten, gutbesuchten Tanzkurs absolviert. Unser Tanzlehrer Pinchas – ein im Jahre 1850 verstorbener, übergewichtiger polnischer Chassid aus der Gegend von Lemberg – demonstrierte den ausschließlich männlichen Teilnehmern die wichtigsten Grundschritte der chassidischen Tänze. Die zahlreichen Zuseher schienen sich über das geringe Tanztalent der meisten Kursteilnehmer köstlich zu amüsieren, wobei meine zahllosen unfreiwilligen Kopfstände (natürlich nur infolge der Schwerelosigkeit im Weltraum) immer wieder tosende Beifallsstürme auslösten.

20.4.2010

Wir rasen weiterhin durch das All, und die Tage vergehen, sicherlich auch wegen des vielseitigen Kursangebotes, tatsächlich wie im Fluge. „Tage" ist das falsche Wort, da im Weltall natürlich stets tiefste Nacht herrscht, doch dank Abi, der uns – mit Rücksicht auf die unterschiedlichen Gebetsgewohnheiten der Reisenden – fünfmal täglich die Uhrzeit durchgibt, und auch infolge der streng geregelten Ruhe- und Lernstunden unterliegen wir alle der Illusion von „Tageszeiten".

Heute Mittag – wir aßen gerade köstliche Manna mit Thunfisch-Geschmack – hatte ich kurz Gelegenheit, unter vier Augen mit dem mir scheinbar gut gesinnten Abi zu sprechen, und dabei von ihm einige wertvolle weitere Informationen erhalten. Der wichtigste Tipp, den er mir unter dem Siegel der Verschwiegenheit gab, war eine Art „Verhaltenskodex" während der Prüfung, und bei dieser Gelegenheit beschwor er mich, die himmlischen Realitäten anzuerkennen und auf bestimmte Prüfungsfragen „politisch korrekte Antworten" zu geben. Die äußerst konservativen Prüfer erwarteten nämlich von jedem Paradies-Kandidaten ganz klare, linientreue, Bekenntnisse zu allen von ihnen verkündeten traditionellen „Wahrheiten". Das hartnäckige Leugnen dieser Dogmen und das unsinnige Beharren auf moderne wissenschaftliche Erkenntnisse in Bezug auf Mensch und Universum – meinte er – wären in dieser Situation dumm, kontraproduktiv und auch gefährlich. Das alles geschehe – erklärte mir Abi – aus tiefem Respekt vor den Ansichten unserer Vorfahren, Propheten und Heiligen, aber auch aus sehr pragmatischen Gründen: Denn wer will schon unnötige Aufregung und Unruhe im Paradies?

Schließlich gab er mir noch einen letzten guten Rat, nämlich nicht zu übersehen, dass Engel Tricky Dicky, der Alleinverantwortliche für den Lügendetektor, gelegentlich – und vor allem nach Empfang „kleinerer Aufmerksamkeiten" – gerne bereit sei, ein oder mehrere Augen zuzudrücken. Nebenbei verriet mir Abi unter dem Siegel der Verschwiegenheit, dass bisher noch kein einziger Reformrabbiner es geschafft habe, als Paradieskandidat eingestuft zu werden. Diese große Ehre sei mir nur deswegen zuteilgeworden, weil im Himmel zufällig bekannt geworden sei, dass ich seit fünf Jahren auf den Genuss von Schweinefleisch freiwillig verzichtete und im Gegensatz zu manch anderen rabbinischen Kollegen auch mehrere Gebete fehlerlos sprach. Glücklicherweise kannte niemand in der Himmelsbürokratie den wahren Grund für diese Abstinenz, nämlich meine Schweinefleischallergie! Jedenfalls solle ich seine gutgemeinten Ratschläge – so schwer es mir auch fallen möge – berücksichtigen, um während des Examens keine unnötigen Fehler zu begehen.

25.4.2010

Vorgestern ereignete sich ein tragischer Zwischenfall: Drei „Weltraum- Kamele" samt Insassen waren plötzlich verschwunden und trotz intensiver Nachforschungen nicht mehr auffindbar.

Laut Abi kommen derartige Unglücksfälle statistisch gesehen alle 150 Jahre einmal vor. Er betonte – und das beruhigte uns ungemein –, dass die Wahrscheinlichkeit, mit einem „Kamel" zu verunglücken, um den Faktor 100.000 geringer sei, als mit einem Flugzeug abzustürzen. Später erklärte er mir allerdings im Vertrauen, dass derartige Pannen doch wesentlich häufiger als offiziell zugegeben aufträten, und die himmlischen Flugingenieure seit über eintausend Jahren einem Defekt der Neutriopumpen im Bereich der Schubumkehr auf der Spur seien.

In den vergangenen Tagen machten wir gewaltige Tanzfortschritte und erlernten neben den schon einstudierten chassidischen Tänzen viel Neues, wie „Hora" – ein feuriger israelischer Volkstanz, einen „marokkanischen Bauchtanz" und den „Bisontanz" der Apachen (die Kursteilnehmer tragen dabei Bisonmasken, Waffen, Schilde und wirbeln, springen, stampfen und kriechen furchterregend durcheinander). Gestern lernten die jüdischen Reisenden zwei Gebete in aramäischer Sprache auswendig: Das „Kol Nidre" – ein Gebet, das Juden am Abend des Versöhnungstages (Yom Kippur) sprechen, wobei die Betenden Gott um Befreiung von Gelübden bitten, die entweder unter Zwang abgelegt wurden, oder die man sich selbst, voreilig und unüberlegt, geschworen hat und später nicht einhalten konnte –, sowie das „Kaddisch"-Gebet der Trauernden. Es besteht aus Lobpreisungen des Herrn, wobei die Worte Tod oder Trauer darin nicht vorkommen. Ein Gebet das – nach orthodoxer Tradition – in der Öffentlichkeit nur Männer rezitieren dürfen.

28.4.2010

Nach und nach enthüllt der „Gute Hirte" neue Einzelheiten über die Organisationsstrukturen und Aufnahmekriterien im Jenseits: Auch wenn er uns bisher noch lange nicht alle Unterschiede zwischen den drei Paradies-Kategorien verraten hat, sehen wir jetzt diesbezüglich um einiges klarer als noch vor wenigen Tagen. Für die höchste Paradieskategorie – „Exquisit" – kommt leider keiner von uns in Frage; einerseits wegen der Diskrepanz zwischen Angebot und Nachfrage für die erste Paradieskategorie und andererseits als traurige Konsequenz unseres sündigen Lebenswandels auf Erden. Eine automatische Qualifikation für die „Exquisit"-Kategorie gibt es nur für Heilige, Propheten, religiöse Märtyrer, linientreue theologische Würdenträger, gekrönte Häupter und für einige wenige Schauspieler und konservative Politiker.

An dieser Stelle will ich nun die wichtigsten Qualitätsunterschiede zwischen den einzelnen Paradies-kategorien erwähnen, über die wir endlich aufgeklärt wurden: Während den Bewohnern im „Standard" nur einfach ausgestattete, kleine Wohnwolken zur Verfügung gestellt werden, erhalten die Glücklichen im „Deluxe" größere und bequemere Kumuluswolken, die aber im Vergleich zu den purpurfarbenen Doppelwolken im „Exquisit" armselig ausgestattet sind. Wesentliche Unterschiede sind auch im Bereich der Verpflegung ersichtlich: Den acht Manna-Geschmacksrichtungen im „Standard" stehen sechzehn beziehungsweise zweiunddreißig Geschmacksnuancen in den höheren Paradieskategorien gegenüber. Außerdem delektieren sich die „Exquisit"-Bewohner auch an Wachteln, Meeräschen-Kaviar, Wein, Nektar und anderen Köstlichkeiten, natürlich in unbegrenzter Menge. Angeblich soll es auch große Unterschiede in Bezug auf die Arbeits- und Ruhezeiten und das paradiesische Sexualleben geben, doch vielleicht sind das alles nur falsche Gerüchte.

Es gibt aber auch noch viele ungeklärte Fragen, die mich ständig beschäftigen, wie zum Beispiel: Sind im Jenseits Familienzusammenführungen geplant? Falls ja, was geschieht, wenn ein oder mehrere Familienmitglieder in der Hölle schmoren? Und wie verkraftet ein (älterer) Neuankömmling das Wiedersehen mit den eigenen Eltern, die – weil jung verstorben – im jenseitigen „Leben" jünger als ihr im hohen Alter verblichener Sprössling sind?

Was für eine Existenz führen Neugeborene und Kleinkinder, die ja nicht das geringste Erinnerungsvermögen an ihr kurzes Erdendasein haben? Ein ähnliches Problem – wenn auch unter umgekehrten Vorzeichen – betrifft senile oder von Geburt an debile Personen!

Erhalten diese unglücklichen Seelen im Jenseits die Chance auf ein bewusstes Dasein, indem die Himmelsbehörden ihnen eine Weiterentwicklung oder Regeneration ermöglichen? Falls aber solche Entwicklungsprozesse im Jenseits unbekannt sind, verbleiben dann Kleinkinder ewig Kleinkinder und geistig Defekte ihr „Leben" lang Behinderte? Auf all diese Fragen kenne ich keine Antworten, und für mich sind keinerlei vernünftige oder ethisch vertretbare Lösungen für all diese Probleme vorstellbar. Doch warten wir es einfach ab.

3.5.2010

Morgen werden wir unser Ziel – das im galaktischen Zentrum lauernde Schwarze Loch – endlich erreichen. Der Begriff „Schwarzes Loch" ist wissenschaftlich Interessierten längst bekannt. Diese rätselhaften kosmischen Gebilde entstehen dann, wenn Riesensterne (von mindestens zwanzig Sonnenmassen) ausbrennen, als Supernovae explodieren und schließlich in sich zusammenstürzen. Die so entstehende Materiekonzentration besitzt bald eine so gewaltige Dichte, dass ihre Anziehungskraft alles in ihrer Umgebung Befindliche – auch Gasansammlungen und ganze Sternsysteme – anzieht und verschluckt. Selbst das Licht kann dieser Gravitationsfalle nicht mehr entkommen, weswegen irdische Astronomen Schwarze Löcher optisch nicht wahrnehmen können und auf indirekte Nachweismethoden angewiesen sind. Die größten Schwarzen Löcher haben vermutlich eine Masse von Millionen und Milliarden Sonnen.

Obwohl Abi uns immer wieder versichert, dass der Ausflug in das Zentrum eines Schwarzen Loches für

Kamelreisende völlig ungefährlich sei, verursacht mir der Gedanke an die Annäherung und den geplanten Eintritt in dieses kosmische Monstrum Angst. Anders als erwartet, können wir das noch Lichtjahre entfernte Ziel bereits erkennen – oder besser gesagt, erahnen –, denn in weiter Ferne erblicken wir das absolute Nichts – ein an Größe stündlich wachsendes, tiefdunkles, stern- und strukturloses, scheibenförmiges Areal –, dessen Randbegrenzung von rötlichen und gelblichen Blitzen und wild flackernden Protuberanzen markiert wird, während das gesamte sichtbare Weltall von Millionen glitzernden Einzelsternen, an Diamanten-Colliers erinnernde Kugelsternhaufen, milchig-nebeligen Strukturen und unzähligen ovalen und spiralförmigen Galaxien erfüllt ist.

4.5.2010

Es ist bald vollbracht. Heute Morgen erteilte Abi den Befehl zur Einleitung des komplizierten Bremsmanövers, und bald darauf näherten wir uns den, durch blinkende Warnschilder gekennzeichneten, „Ereignishorizont/Point of no Return". Denn wer diese Grenze überschreitet, wird unwiderruflich in den Schlund des lauernden Riesen eingesogen.

Sobald wir mit immer noch rasender Geschwindigkeit diese Grenzlinie passierten, verschwanden alle noch kurz vorher prachtvoll leuchtenden Sterne schlagartig aus unserem Gesichtsfeld, und tiefste Nacht senkte sich über die langgezogene, nun heftig schwankende, schwach grünlich fluoreszierende Kamelkarawane. In dieser ägyptischen Finsternis verlor ich, inmitten der Entsetzensschreie vieler abgeworfener Reisender, bald jedes Zeitgefühl, und ein eigenartiges Kribbeln erfasste meine durch die mächtige Gravitation spaghettiartig deformierte Gallertmasse. In diesem Augenblick – das will ich gerne gestehen – verspürte auch ich panische Angst, und in der Gewissheit des nahen Endes begann ich, das „Höre Israel" – das Gebet der Märtyrer – laut zu rezitieren.

Ich weiß nicht, wie lange die seltsame Reise in das Herz des Schwarzen Loches dauerte, doch nach und nach – und quälend langsam – begann sich das Dunkel rund um uns zu lichten, und in der Ferne zeichneten sich schemenhafte, rötlich-orange schimmernde, von Blitzen erleuchtete, unregelmäßig pulsierende Nebelformationen ab. Mit jetzt deutlich reduzierter Geschwindigkeit näherten wir uns der bedrohlich wirkenden Nebelwand, und bald darauf tauchte die Karawane in eine scheinbar undurchdringliche graue Ursuppe ein. Es folgte ein endlos scheinender Blindflug durch eine totenstille, manchmal von gewaltigen Blitzen durchzuckte, düstere Welt. Auch die Stimmung der verängstigten Reisenden passte sich dieser unheimlichen Umgebung an, nur gelegentlich vernahm ich leises Geflüster, angsterfülltes Stöhnen und unterdrücktes Schluchzen.

Doch dann – und ohne jede Vorwarnung – war der Spuk vorbei. Die „Kamele" durchstießen die letzten Nebelformationen, und die Karawane schwebte nun lautlos über einem unendlich scheinenden, dampfenden Lava-Ozean, aus dem brüllende Feuer-Fontänen in große Höhen emporschossen. Von Zeit zu Zeit glaubte ich, riesige geflügelte, von Schuppen bedeckte vorbeiflitzende Lebewesen zu erkennen, und es schien mir, als vernahm ich aus großer Tiefe unterdrückte Schmerzensschreie gepeinigter Seelen und das Hohngelächter ihrer Peiniger.

Bald darauf überflogen wir eine mehrere Kilometer breite, scheinbar bodenlose Schlucht, aus der bizarr konfigurierte, wolkenverhangene violette Berggipfel emporragten. Vom Rand der überquerten Schlucht bis zum weiten Horizont erstreckte sich eine blumenübersäte, von grün- und türkisblau schimmernden Seen und gewundenen Flussläufen durchzogene, grenzenlos scheinende Ebene, auf der die unterschiedlichsten Tiere friedlich Seite an Seite weideten. Ich erblickte mir bekannte Arten – vor allem Giraffen, Elefanten, Wölfe, Löwen, Kühe und Lämmer – neben mir großteils völlig fremden Lebewesen, einige davon längst ausgestorbene Saurier – ich glaube, es waren mehrere Brontosaurier und ein gigantischer Tyrannosaurus Rex –, und sie alle schienen in völliger Harmonie und in tiefstem Frieden miteinander zu leben.

Auf Pfiff unseres „Guten Hirten" drosselten die „Kamele" erneut ihre Reisegeschwindigkeit, und bald schwebten wir gemütlich in geringer Höhe über fremdartig geformte Büsche und Bäume auf ein hellerleuchtetes, kugelförmiges, metallisch schimmerndes Gebäude von gigantischen Ausmaßen zu, dessen Außenwände kilometerweit mit parallel zueinander verlaufenden, ovalen und matt leuchtenden Öffnungen übersät waren. Über dem Zielflughafen – offenbar die Sammelstelle aller Jenseitstransporte aus sämtlichen Galaxien – kreisten, in unterschiedlichen Höhen, Tausende weitere Karawanen. „Kamele" waren unter ihnen keine zu erkennen, dafür aber drachen- und schlangenförmige Fluggeräte jeder nur denkbaren Größe, und sie alle warteten auf Landeerlaubnis. Abi steuerte – jetzt im Rückwärtsgang – die „Kamele" zielstrebig auf eine orange blinkende Pforte zu, um kurz darauf an dieser behutsam anzudocken. Die lange Reise durch Raum und Zeit war nun beendet.

Schon Sekunden später bat eine unpersönliche, metallisch klingende Stimme die Passagiere, ihre Raumtransporter diszipliniert zu verlassen und ihrem „Guten Hirten" zu folgen. Auf Abis Geheiß verließen nun die menschlichen Passagiere – die außerirdischen Mitreisenden, die auf ihren Anschlussflug in ihr eigenes Paradies warten mussten, blieben zurück – ihre auf der langen Reise lieb gewonnenen „Kamele" und passierten, von den Erlebnissen der vergangenen Stunden noch benommen und verwirrt, die weit geöffneten Schleusen, aus denen ein unbeschreiblich süßer Paradiesduft uns Neuankömmlingen entgegenschlug. Rasch durchquerten wir, wenige Zentimeter über dem Boden schwebend, ein breites steinernes Tor, an dem ein Schild mit der Inschrift: „Eintritt nur für Erdmenschen. Außerirdischen und Tieren ist der Eintritt streng untersagt" angebracht war. Wir folgten unserem „Guten Hirten" in einen hell erleuchteten Saal von ungeheuren Dimensionen. Der Boden des Raumes schien aus purem Gold zu bestehen, und an den Wänden glitzerten in allen Regenbogenfarben prächtig schillernde faustgroße Edelsteine. In der Mitte des Saales befand sich eine gewaltige, hochaufragende Marmortribüne.

Am Eingang des Saales erwartete uns eine Ehrengarde weiß gekleideter, mindestens drei Meter großer, hellblond gelockter Engel, die sogleich auf ihren goldenen Harfen eine Willkommensmelodie – es war das weltberühmte „Hewenu Schalom aleijchem" (was so viel bedeutet wie: „Wir bringen euch Frieden") – anstimmten, während aus großer Höhe ein Konfettiregen auf uns niederging.

Ein in Livree gekleideter, ungemein vornehm aussehender älterer Engel bat die Ankömmlinge sodann, in der Mitte des Saales auf niedlichen und blendend weißen, Chanel-parfümierten Wolken Platz zu nehmen. Es folgte nun ein sieben Stunden währender herzerfrischender Kunstgenuss erhabener sakraler Musik, der nur ab und zu von kurzen Balletteinlagen süßer, nackter Engelbabys unterbrochen wurde. Mit Beendigung der musikalischen Darbietungen wurden wir in einen noch viel gewaltigeren Festsaal geleitet, um dort den Begrüßungsansprachen der Festredner zu lauschen. Als Erster bestieg ein mindestens sieben Meter großer, würdig aussehender, schwarzbärtiger Engel die Tribüne und stellte sich als Vertreter des „heute leider verhinderten" Erzengels Gabriel vor. Er begrüßte mit dröhnender Bassstimme die Neuankömmlinge aufs Herzlichste, wünschte allen im Namen der himmlischen Verwaltung einen schönen Aufenthalt im Vorhof zum Paradies und bat die „werten Gäste", sich wie zu Hause zu fühlen und den Anweisungen des Personals brav zu folgen. Als Nächster betrat Abi die Rednertribüne und erklärte mit vor Rührung bebender Stimme und Tränen in seinen Augen, wie stolz er auf seine Schützlinge sei und dass wir mit Abstand die beste Gruppe waren, die er je führen durfte. Abi wünschte uns alles Gute und viel Glück bei den bevorstehenden Prüfungen, spreizte dann seine Flügel und segnete beim Verlassen des Raumes die versammelte Gemeinde.

Jetzt erfüllte der Klang unzähliger Posaunen den Saal, und wie aus dem Nichts betraten zwei menschenähnliche, kleingewachsene, von einem dichten Pelz bedeckte, im Grunde nackte, Gestalten – ein Mann und eine Frau – das Podest. Die eine Gestalt war durch ihr langes, rot gefärbtes Haar und den dick aufgetragenen Lippenstift als Frau zu erkennen. Ihr ganzes Erscheinungsbild – niedrige Stirn, langgestreckter flacher Hirnschädel, prominente Überaugenwülste, negatives Kinn und Delle am Hinterkopf – erinnerte mich an das mir vertraute Bild der Neandertaler, ihre gebeugte Körperhaltung war aber ein deutlicher Hinweis dafür, dass diese Wesen aus einer noch früheren Erdepoche stammen mussten.

Die Frau, die offensichtlich das Sagen hatte, hielt eine kurze Rede in einer mir unbekannten Sprache, die vor allem aus Grunzlauten bestand, während ihr Partner, der sich ständig kratzen musste, von Zeit zu Zeit wilde Grimassen schnitt. Da ihre Worte vom himmlischen Chefdolmetsch simultan übersetzt wurden, bin ich in der Lage, den Inhalt ihrer Rede wiederzugeben: Einleitend erfuhren wir, dass die beiden Promis zu einem Arbeitsessen mit dem Chef höchstpersönlich verabredet waren, ihn jedoch wegen einer Terminverwechselung nicht mehr antrafen und deswegen – kurz entschlossen – Erzengel Gabriel um Erlaubnis baten, die heutige Ladung Neuankömmlinge persönlich begrüßen zu dürfen. Diese Bitte habe er ihnen nicht abschlagen können. Das weibliche Wesen stellte sich und ihren Begleiter als Chawa (Eva) und Adam vor und bat die Zuhörer um Verständnis dafür, dass ihr Ehemann noch nicht in der Lage sei, offizielle Ansprachen zu halten, einerseits wegen einer jüngst übergangenen schlimmen Verkühlung und andererseits, weil der von ihm belegte Sprachkurs für Anfänger in den vergangenen 2500 Jahren immer wieder aus bürokratischen Gründen ausgefallen sei. Sie betonte, wie außerordentlich glücklich sie beide seien, so viele ihrer Nachkommen im Vorhof zum Paradies begrüßen zu können, wünschte allen viel Glück für die bevorstehenden Eintrittsprüfungen und erinnerte abschließend die Zuhörer, ja keine Paradiesäpfel anzurühren (auch nicht die Schwarzmarktware). Bei diesen Worten begann Adam herzzerreißend zu schluchzen, und als auch all die anwesenden Engel nicht in der Lage waren, ihn zu beruhigen, musste das arme Wesen mit einer Trage abtransportiert werden.

Nach Abschluss dieser eindrucksvollen Begrüßungsfeier ersuchte Engel Schwarzbart die Anwesenden, die Zeremonienhalle zu verlassen und im Hof Aufstellung zu nehmen.

Begleitet von einer musizierenden Engeleskorte betraten die Reisenden einen geräumigen, von Palmen und unzähligen Kakteen umsäumten, hellerleuchteten freien Hof, wo wir uns in Reih und Glied aufstellen mussten. Schlagartig verstummte die Musik, und der Schwarzbärtige begann, mit seiner dröhnenden Bassstimme aus zwei riesigen Steintafeln Namen vorzulesen. Die so Aufgerufenen mussten vortreten und sich in Gruppen – zu je 120 Gallerten – versammeln, wobei Kleinkinder und Greise von himmlischen Zivildienern dorthin gleitet wurden.

Es war offensichtlich so, dass die Einteilung der Neuankömmlinge nach ganz besonderen Richtlinien erfolgte. Das allererste und wichtigste Kriterium war die Religionszugehörigkeit. Hier wurden vier Hauptgruppen – Juden, Christen, Moslems und „Andere" – gebildet. Innerhalb jeder dieser vier Gruppierungen wurde weiter unterteilt, und zwar nach folgenden Richtlinien:

1. „Erwachsene" (im Jenseits gilt man erst mit 35 Jahren als vollkommen erwachsen);
2. „Jugendliche" (alle 13- bis 35-jährigen);
3. „Kinder" unter dem 13. Lebensjahr, wobei zwischen Kindern mit eigenem Erinnerungsvermögen und solchen ohne eine Erinnerung an ihr kurzes Dasein auf Erden unterschieden wird, und letztlich muss noch festgestellt werden, ob die Kinder sich ganz alleine im Jenseits befinden oder hier entscheidungsfähige Eltern existieren.

Auf den ersten Blick erscheint diese Einteilung eigenartig, sinnlos und verwirrend, doch dahinter steckt ein durchaus verständliches, wenn auch nicht ganz unproblematisches, System, das ich nun versuchen will zu erklären: „Erwachsene" sind im „Standard-Paradies" – natürlich nur unter der Voraussetzung, dass sie die schwierige Aufnahmeprüfung bestehen – willkommen.

„Jugendliche" (zwischen dreizehn und fünfunddreißig Jahren) sind in allen Paradieskategorien, wegen ihres ungestümen Temperaments und häufiger politischen Linkslastigkeit, nicht erwünscht. Beabsichtigen „Jugendliche", im Paradies Einlass zu finden, müssen sie im Vorhof zum Paradies, nach Bekanntgabe eines Wunschalters (das über 35 Jahre sein muss), einer Inkubatorbehandlung unterzogen werden. Erst mit Beendigung dieser Transformation, bei der auch körperliche und geistige Defekte automatisch ausgebessert werden, müssen auch sie zur Eignungsprüfung antreten. Bei Kleinkindern ist die Situation noch um einiges komplizierter. Denn lärmende, rotznasige Kinder sind im gesamten Paradies fehl am Platz! Sind verantwortungsbewusste Eltern vorhanden, dann können diese eine Entscheidung über das zukünftige Schicksal ihres

Kindes fällen. Hier bestehen drei Optionen: 1. Inkubatorbehandlung, 2. Wiedergeburt auf Erden oder 3. Aufnahme in die berühmte himmlische Engelsakademie.

In dieser Akademie sind allerdings nur besonders hübsche, blondgelockte und brave Kinder zugelassen. Sind keine verantwortlichen Eltern vorhanden, dann hat eine Kommission, unter Leitung von Frau Dr. Anna Freud, über jeden einzelnen Fall zu entscheiden.

Nach Beendigung dieser mühsamen und langwierigen Prozedur führte Engel Schwarzbart höchstpersönlich jene Gruppe, der auch ich zugewiesen worden war – bestehend aus rund eintausend „Erwachsenen" jüdischen Glaubens –, nach „Niemandsland", der Zwischenstation auf dem Weg ins „Standard-Paradies". Der weite Weg dorthin führte zuerst durch eine windstille, grasbedeckte, von Bächen und Flüssen durchzogene englische Parklandschaft, und obwohl ich keinerlei Gestirne erblicken konnte, erstrahlte das gesamte Himmelsfirmament in einem pastellfarbenen goldenen Licht, das von den Wiesen, Sträuchern und Gewässern der Ebene hundertfach und in vielfältigen Farbnuancen reflektiert wurde.

Bald durchquerte unsere Gruppe einen „Zauberwald", dessen fremdartig geformte Bäume annähernd rund-ovale, durchsichtige, blassrosa gefärbte, bei jeder milden Brise tausend Melodien flüsternde Blätter trugen, um dann gemächlich über einen ausgedehnten, dampfenden und scheinbar leblosen Sumpf dahinzuschweben. Schließlich erreichten wir eine ausgedehnte, blumenbedeckte Ebene, auf der unzählige, dicht aneinander gedrängte Laubhütten errichtet waren. In einiger Entfernung von den Behausungen ragte eine gewaltige, scheinbar kilometerlange, aus groben Steinblöcken erbaute Mauer zum Himmel empor, in die ein massives Zedernholztor – vor dem zwei hünenhafte, mit Holzknüppeln bewaffnete, schwarz gekleidete, Kaftan tragende Engel Wache standen – eingelassen war. Beim Anblick der Mauer – sie war ein detailgetreuer Nachbau, vielleicht sogar das Original der Westflanke des von den Römern zerstörten Tempels zu Jerusalem (fälschlicherweise als „Klagemauer" bezeichnet) – gerieten einige der Reisenden in wahre Verzückung. Sie hüpften und tanzten um die Wette, lachten und weinten abwechselnd, und manche versuchten sogar, die Mauer zu küssen, ein Ansinnen, das ihnen von den Torwächtern – unter Einsatz ihrer Knüppel – energisch verwehrt wurde.

Nachdem sich die Gemüter etwas beruhigt hatten, wurden wir von Engel Schwarzbart zu unseren Quartieren geleitet. Mir wurde eine am Rand der Siedlung gelegene Laubhütte zugeteilt, die ich mit einem traurig und uralt aussehenden kleinen Mann namens Methu teilen musste. Der arme Teufel, ein ehemaliger Bewohner der Stadt Kineret am See Genezareth, berichtete unter Tränen, dass er, wie viele seiner Leidensgenossen, in dieser armseligen Behausung schon seit 3500 Jahren auf seinen Eignungstest warte und längst jede Hoffnung aufgegeben habe, jemals in das „Standard-Paradies" Einlass zu finden. Der Grund für seine Nichtberücksichtigung – erklärte er mir – sei in seiner traurigen Familiengeschichte zu suchen. Schuld am ganzen Schlamassel sei seine sündige Mutter, die als Geschiedene – und gegen den Widerstand der Rabbiner – es gewagt hatte, einen Mann namens Kohen zu ehelichen. Der Überlieferung nach ist aber jeder Kohen ein Nachfahre eines Tempelpriesters, der laut religiösem Gesetz bestimmte Frauen nicht ehelichen darf. Es sind dies: Proselytinnen, Geschiedene und Prostituierte. Ich versuchte, den armen alten Mann mit der „Gewissheit auf die himmlische Gerechtigkeit", die manchmal viel Zeit benötige, zu trösten, doch leider ohne den geringsten Erfolg, denn er weinte und zitterte noch viele Stunden, bis er erschöpft einschlief.

7.5.2010

Die Tage hier in Niemandsland vergehen nur quälend langsam. Die wichtigsten Fixpunkte des Tages sind: Erschallen von Posaunen um fünf Uhr morgens, drei Manna-Mahlzeiten täglich, Rezitation von vorgeschriebenen Gebeten – früh, mittags und abends – und ein kurzes allabendliches Harfenkonzert der Engelskapelle, knapp vor Einbruch der ägyptischen Finsternis um Punkt neunzehn Uhr. So bleibt recht viel Zeit für informative Gespräche und interessante Diskussionen mit Schicksalsgenossen. Man hört die unglaublichsten Meinungen und Spekulationen über „das Leben" in Hölle und Paradies, wobei praktisch jeder der Anwesenden von seiner Sicht der Dinge völlig überzeugt ist und natürlich auch fest daran glaubt, Aufnahme im Paradies zu finden.

Gestern vor dem Schlafengehen befragte ich Engel Schwarzbart nach meinen Chancen, in den nächsten Tagen zur Aufnahmeprüfung zugelassen zu werden, und erhielt eine sehr bemerkenswerte Antwort, nämlich, dass ich unter regulären Bedingungen mit einer Wartezeit von mindestens 120 Jahren rechnen müsse. Doch dann fügte er im Flüsterton hinzu, dass es auch hier Mittel und Wege gäbe, diese Frist beträchtlich zu ver-

kürzen. Auf meinen fragenden Blick schielte Schwarzbart mit seinen listigen kleinen Äuglein auf meine, aus
der auseinanderbrechenden russischen Raumstation
Mir stammenden Souvenirs und zwinkerte mir zu. Nun
musste ich eine Entscheidung treffen. Sollte ich nach
eigenen eisernen ethischen Prinzipien, die ich ja meiner Gemeinde täglich predigte, handeln und deswegen
an diesem Ort ewig festsitzen oder doch mit den himmlischen Wölfen heulen, eine kleine Sünde begehen und
dem Schicksal etwas nachhelfen? Ich entschied mich
– und ich schäme mich ein wenig dafür – für den ein-
facheren Weg. Engel Schwarzbart erhielt von mir zwei
russische Taschenuhren für die zwei Torwächter, Lockenwickler für Richterin Debie (derzeitige Vorsit-
zende der Prüfungskommission), eine Flasche Wodka
für Engel Tricky Dicky sowie eine Packung Farbstifte und eine Kondompackung zum Eigengebrauch. Er
drückte mir dankbar die Hand und verschwand sogleich in Richtung Haupttor, um mir eine Stunde später
strahlend zu berichten, dass mein Prüfungstermin für
morgen zehn Uhr angesetzt worden sei. Ich überlegte mir sofort eine kluge Prüfungsstrategie, denn auch
Reformrabbiner hegen nicht den Wunsch, in der Hölle
zu schmoren.

8.5.2010

Pünktlich um neun Uhr morgens wurden zehn Namen
– auch mein Name war darunter – von einem buntge-
kleideten, langhaarigen Botenengel bekanntgegeben.
Wir zehn Glücklichen versammelten uns nahe der Vor-
hofspforte und wurden vom bereits ungeduldig wartenden Engel Schwarzbart – der zuerst eine wütende Men-

schenmenge, die für die Abschaffung der himmlischen Aufnahmeprüfung lauthals demonstrierte, mit einem Schlagstock abwehren musste – sicher durch das Tor geleitet. Er führte uns, von einem hundertköpfigen Engelschor begleitet, zu einem gewaltigen Amphitheater von mindestens doppelter Größe des Kolosseums in Rom.

In der Umkleidekabine wurden wir von einer Schar glatzköpfiger Eunuchen zunächst in Milch und Honig gebadet, dann in weite weiße, togaartige Gewänder eingekleidet, frisch parfümiert und geschminkt. Bald darauf betraten zehn fein herausgeputzte „Gladiatoren", nach allen Seiten fröhlich winkend, das Hauptfeld der Arena und schritten, unter dem lauten Gejohle von einhunderttausend Zuschauern (viele von ihnen Tagestouristen aus den höheren Paradieskategorien), auf eine in der Mitte des riesigen Ovals errichtete Bühne zu. Unter Führung von Engel Schwarzbart passierten wir ein Spalier düster aussehender, Lanzetten tragender Gardeengel und erklommen hoffnungsvoll die auf die höchste Ebene der Bühne führende breite und steile, mit erlesenen persischen Jagdteppichen ausgelegte Stiege. Ein goldener Thron war in der Mitte der Bühne platziert, auf dem eine uralt wirkende, winzige Person saß. Ihr langes, wirres, schwarz gefärbtes Haar reichte bis hinab zum Boden und bedeckte den größten Teil ihres schmalen, eingefallenen Gesichtes. In ihrer rechten, krallenartig geformten Hand hielt sie einen langen Stock, mit dem sie von Zeit zu Zeit – und scheinbar völlig unmotiviert – auf den Marmorboden schlug. Zu ihrer Rechten stand ein annähernd drei Meter großer, schlanker, schwarz gekleideter, furchterregender Teufel mit angelegten gewaltigen Flügeln, der sich lässig auf einem rotglühenden Dreizack stützte. Vor ihr kauerte eine weitere Figur. Es war ein mittelgroßer Mann mit deutlich fliehender Stirn, einer langen (sprungschanzenartigen) Nase und auffallend kleinen, listigen Augen. Der Mann hantierte ungeduldig an einem Elektrometer der Marke „Hubbard", einer metallischen Box mit angeschlossenen Drähten, Kabeln, Handgriffen, einigen Kontrollinstrumenten und vielen farbig blinkenden Lampen.

Auf ein Handzeichen der Richterin verstummten alle Gespräche, und Totenstille erfüllte das Stadion. Mit krächzender Altweiberstimme begrüßte Debie feierlich die Anwesenden, wünschte den Prüfungskandidaten „Mazel tov", erklärte die Sitzung für eröffnet und ermahnte schließlich die Zuschauer, den Kandidaten ja nicht einzusagen. Dann meldete sich die schreckliche Höllengestalt zu Wort. Mit leiser, überraschend freundlicher Stimme begrüßte auch er die Menge, ermahnte die Zuschauer, ihre ausgefüllten Wettscheine noch rasch abzugeben, wünschte den Paradiesanwärtern „höllisches Glück" und fügte freundlich lächelnd hinzu, dass er sich sehr freuen würde, in möglichst großer Gesellschaft zur Hölle zurückkehren zu können, einem Ort, der im Grunde viel besser sei als sein Ruf.

Nun wurden wir in alphabetischer Reihenfolge zur Prüfung aufgerufen und von einem zierlichen, blonden, einen Minirock tragenden Engel zum Thron der Richterin geleitet. Der Prüfungsablauf war denkbar einfach: Jeder Kandidat musste vor die Richterin treten, die Handgriffe des Elektrometers fest umklammern und zehn Fragen – die sie von einer Steintafel vorlas – beantworten, während Engel Tricky Dicky an seinem „Hubbard-Lügendetektor" die gegebenen Antworten streng überprüfte. Wer mindestens neun der zehn Fragen aufrichtig-richtig beantworten konnte, war für Camp Ellis – das Vorbereitungscamp zum zukünftigen Dasein im „Standard-Paradies" – qualifiziert. Diejenigen, die es nicht schafften – es waren acht unglückliche Galler-ten – gehörten augenblicklich dem Teufel, der sie wild brüllend mit seinem Dreizack aufspießte und in einen bereitliegenden zeltförmigen Rucksack einsammelte.

Ich musste als Kandidat Nummer Sieben vor Richterin Debie treten und folgende Fragen beantworten:

1. Glaubst du, dass die ganze Thora (die fünf Bücher Mose und die gesamte mündliche Überlieferung) dem größten aller Propheten – Moses – am Berg Sinai vom Chef höchstpersönlich übergeben wur-de?

2. Wie alt sind Himmel und Erde?

3. Stammt die Menschheit von Adam und Eva oder vom Affen ab?

4. Betest du täglich für das Erscheinen des Messias?

5. Soll deiner Überzeugung nach der dritte Tempel am Tempelberg zu Jerusalem sobald als möglich wieder errichtet werden?

6. Bewunderst du den heiligen Märtyrer von Hebron, Dr. Baruch Goldberg?

7. Ist die Reformbewegung gut oder schlecht für die Juden?

8. Bereust du, Reformrabbiner gewesen zu sein?

9. Wirst du sämtliche religiösen Gebote ab nun streng befolgen?

10. Soll Ehebruch geahndet werden, und welche ist die verdiente Strafe für Ehebruch und Homosexu-alität?

Bevor ich die Fragen beantwortete, warf ich einen Blick auf Engel Dicky und bemerkte zu meiner großen Erleichterung, dass er mir kurz zuzwinkerte.

Die zehn Gewissensfragen wurden von mir wie folgt beantwortet:

1. Ich glaube fest daran, dass Moses – der größte aller Propheten – die gesamte Thora am Berg Sinai vom Chef persönlich empfangen hat.

2. Himmel und Erde wurden vor genau 5760 Jahren erschaffen.

3. Wir alle stammen direkt von Adam und Eva ab. Darwin war ein Betrüger.

4. Ich bete dreimal täglich für das Kommen des Messias und erwarte sein Erscheinen auf Erden in Bälde.

5. Der Wiederaufbau des Tempels samt Wiedereinführung der Tieropfer und Priesterprivilegien ist mein sehnlichster Wunsch.

6. Der heilige Baruch ist ein großer Sohn unseres Volkes, ich bewundere ihn und seine glorreichen Taten maßlos.

7. Die Reformer sind unser aller Unglück, denn sie verführen zur Sünde und sind die Hauptschuldigen an der Assimilation der Diaspora-Juden.

8. Ich bereue meine Vergangenheit als Reformrabbiner zutiefst.

9. Ich will im Paradies alle religiösen Gebote peinlichst genau befolgen.

10. Wer Ehebruch begeht und Unzucht betreibt, muss öffentlich gesteinigt werden.

Die Richterin und Engel Dicky schienen über diese Antworten hocherfreut zu sein und Debie verkündete sogleich, dass ich das Examen mit Vorzug bestanden hätte. Dem Publikum hingegen – urteilt man nach der Lautstärke der Buhrufe – schien mein Abschneiden weniger zu gefallen, weil, wie ich später erfuhr, die Wettquoten 1:100 gegen mich gestanden waren. Als nun alle zehn Kandidaten geprüft, beurteilt und – zum Großteil – im Rucksack des Teufels, fest verschnürt, zum Abtransport in die Hölle bereit waren, erhob sich das Publikum zum Absingen der „Hatikwa" (der himmlischen Hymne „von der Hoffnung"), um dann an den Eingangskassen die Wettgewinne zu kassieren und die Rückreise in den startklaren UFOs zu ihren Heimatparadiesen anzutreten. Der Teufel packte seinen Rucksack samt bitterlich weinender Opfer, stieß ein Triumphgeheul aus und erhob sich feuerspeiend in Richtung Hölle.

Ich und auch der zweite Paradiesqualifikant, ein reuiger Bordellbesitzer aus Bnei Brak, nahe Tel Aviv, wurden von Engel Schwarzbart in einer Art Känguru-beutel zwischen seinen mächtigen Flügeln verstaut und sogleich in Richtung Camp Ellis abtransportiert. Wir reisten in großer Höhe über dem Niemandsland zwischen den diversen Paradiesen, überflogen weite, unbewohnte Ebenen, tief eingeschnittene Täler, rauchende Vulkane und bewunderten aus luftiger Höhe die in mattem Gold glitzernden, spiegelglatten Seen und gewundenen Flussläufe der Region. Nach gut einer Stunde Flugzeit reduzierte Schwarzbart die Geschwindigkeit, leitete einen steilen Sinkflug ein, schwenkte in Richtung Backbord ab und reihte sich in eine Warteschleife um den Zielflughafen ein.

Nun waren wir nicht mehr allein. Über und unter uns schwebten auf parallelem Kurs gut fünfzig riesenhafte Engel, die – wie Schwarzbart – in ihren Beuteln Passagiere trugen und auf Landeerlaubnis warteten. Schwarzbart schien über diese unerwartete Verzögerung äußerst ungehalten zu sein und murmelte irgendetwas, was nach „Streik der Fluglotsen" und „Dienst nach Vorschrift" klang, in seinen langen Bart. Von unserem Beutel aus konnte ich die äußere Begrenzung des eigentlichen Paradiesgeländes erkennen: den in vielen Grüntönen schillernden, für „Normalsterbliche" undurchdringlichen Polarlichtervorhang. Schließlich erhielt Schwarzbart vom Tower die lang ersehnte Landeerlaubnis und bald setzte er elegant nahe dem Himmelstor auf.

Obwohl vor der Pforte schon einige tausend Gallerten ungeduldig auf Einlass warteten, wurden wir vom diensthabenden Engel sofort durchgewunken, was – wie mir Schwarzbart verriet – darauf zurückzuführen war, dass Richterin Debie, die von meiner großartigen Leistung bei der Aufnahmeprüfung sehr begeistert war, bei den hiesigen Einwanderungsbehörden für uns interveniert hatte. Hinter dem Himmelstor wurden wir von Direktor Noah – einem würdig aussehenden weißbärtigen Engel – schon erwartet. Er umarmte uns herzlich und beglückwünschte mich zu meinem großartigen Abschneiden bei der Aufnahmeprüfung.

Zu meinem großen Entzücken lernte ich hier völlig unerwartet den legendären biblischen Noah kennen, eine Figur, die mich schon zu Lebzeiten fasziniert hatte. Noah war – so viel wusste ich aus meinen Bibelstudien – der erste Mensch, mit dem Gott einen Bund geschlossen hatte. Es war der berühmte „Regenbogenbund", den Gott mit dem gerechten Heiden Noah – als Symbol für die ganze Menschheit – eingegangen war. Ein Bund, der das Überleben der Menschheit nach der Sintflut garantieren sollte. Diese biblische Erzählung vom „Regenbogenbund" zeigt sehr schön, dass das Judentum, was vielen Menschen unbekannt ist, eine Religion mit einer ausgeprägten universalistischen (auf die ganze Menschheit hin bezogenen) Orientierung ist.

Die Rabbiner betonten daher auch immer wieder, dass das „Heil in der kommenden Welt" nicht von der Zugehörigkeit zum Judentum abhängt, sondern allein von der Einhaltung bestimmter ethischer Gesetze. Gemeint sind die sieben „noachidischen Gesetze": Verbot von Mord, Raub, Götzendienst, Tierquälerei, Gotteslästerung und die Verpflichtung zur Errichtung von Gerichtshöfen. Weil eben dieses Heil nicht von der Zugehörigkeit zum Judentum abhängig ist, verzichtete das Judentum für alle Zeiten – im Gegensatz zu vielen anderen Konfessionen – auf aktive Mission.

Nun war der Zeitpunkt gekommen, sich vom inzwischen liebgewonnenen Engel Schwarzbart zu verabschieden. Dann schwebten wir, von Noah begleitet, zum himmlischen Zeughaus, um die im Paradies vorgeschriebenen Himmelsutensilien in Empfang zu nehmen. Ein übelgelaunter, schlecht rasierter, zahnloser und obendrein betrunkener Engel starrte uns feindselig an, und ich bin überzeugt, dass wir nur dank der Anwesenheit von Noah überhaupt bedient wurden.

Im Zeughaus erhielt ich ein Paar deutlich beschädigter, blau-weiß gestreifter Flügel, einen leicht ramponierten, goldenen Heiligenschein, eine gestrickte dunkelblaue Kippa (die Kopfbedeckung national-orthodoxer Juden), eine versilberte, schlecht gestimmte

Harfe und eine weiße Wohnwolke, die soeben vom Ein-Million-Kilometer-Service aus der Wolkenwerkstätte eingetroffen war. Nun kam der Zeitpunkt des Abschieds von Noah, bei dem ich mich für all seine Freundlichkeiten herzlich bedankte. Neugierig wie ich bin, ließ ich mir die Chance nicht entgehen, ihn noch zu fragen, wie er und seine drei Söhne es geschafft hatten, ein Paar von sämtlichen zu Luft und Erde lebenden Tieren einzufangen und in der Arche unterzubringen?

Obwohl der gute Mann sichtlich unter Zeitdruck stand, ließ er sich die Gelegenheit nicht nehmen, mir ausführlich zu beschreiben, wie ihnen diese fast unmögliche Mission gelungen war, und er berichtete Folgendes: Zuerst sammelte er mit Hilfe der ganzen Mischpoche die leicht einzufangenden Tiere, wie beispielsweise Löwen, Tiger, Elefanten, Grizzlybären, Kolibris etc. ein; danach konzentrierten sie sich auf die wirklich schwierigen Brocken, wie Termiten, Krokodile, Schlangen und Saurier, die sie mit Hilfe von Kränen an Bord hievten. Besonders die gewaltigen, fleischfressenden Dinosaurier machten ihnen große Sorgen, bedenkt man, dass einzelne Exemplare enorme Ausmaße besaßen. Sie hielten daher Ausschau nach Sauriereiern und beauftragten dann ein Vogelstrauß-Ehepaar an Bord der Arche, die Eier der allergrößten Saurier zu bebrüten. Mit dem Ende der Flut wurden alle Tiere am Berg Ararat ausgesetzt, von wo aus sie sich wieder über die ganze Welt verbreiten konnten. Als Noah die Geschichte fertig erzählt hatte, umarmte er mich ein letztes Mal, und bald schwebte ich etwas unbeholfen mit all meinen neuen Gebrauchsgegenständen zum nahegelegenen Camp Ellis, einer rund vier Quadratkilometer großen Insel inmitten eines schilfbedeckten kleinen

Sees, einem Ort, an dem alle „Standard-Paradies"-Greenhorns auf ihr neues Leben im Jenseits mit Hilfe hervorragender Lehrer vorbereitet werden.

Auf der Insel glücklich angelangt, verankerte ich sogleich meine in einer milden Abendprise sanft hin und her schaukelnde Wolke sorgfältig an einem dicken Stamm eines blühenden Apfelbaumes und begab mich sofort zur wohlverdienten Nachtruhe.

14.5.2010

Nach einer Woche der „Funkstille" melde ich mich wieder zurück, und heute will ich von den vergangenen Tagen in Camp Ellis berichten. Gleich am ersten Morgen mussten alle Neuankömmlinge die örtliche Klinik – einen am Seeufer fest verankerten und zu einem Lazarett umgebauten Mississippi-Schaufelraddampfer mit dem schönen Namen *Mount Sinai* aufsuchen. Dort wurden wir von zwei lieblichen Krankenschwestern mit winzigen, funktionslosen Flügeln in den Operationssaal geführt, wo mir – wie allen anderen Mitreisenden – ein Überwachungschip am rechten Flügelansatz eingepflanzt wurde. In der neben dem Operationstrakt liegenden andrologischen Ambulanz erhielten dann alle Gallerten die hier obligate (3-monatliche) Antisexspritze mit Doppelfunktion: einerseits zur Unterbindung jeglicher Sexualgelüste und andererseits, um das Heranreifen von sekundären Geschlechtsmerkmalen zu unterbinden. Die dort diensthabende liebliche Krankenschwester informierte uns sogleich mit gewinnendem Lächeln, dass im „Standard-Paradies" – anders als in den gehobenen Paradies-Kategorien – Sex auf Anordnung der Erzengel-Konferenz seit 3000 Jahren strengstens verboten sei. Ein weiterer Höhepunkt des ersten Tages war der Besuch der plastisch-chirurgischen Ambulanz, wo für jeden einzelnen Paradiesinsassen hervorragende Spezialisten originalgetreue Gesichts-Moulagen (Moulagen sind farbige Wachsmodelle von Organen) herstellen, die nach Belieben aufgesetzt oder abgenommen werden können. Bedenkt man, dass normale Gallertstrukturen nur sehr undeutliche, ja verwaschene Persönlichkeitsmerkmale aufweisen, erscheint die Anfertigung solcher Gesichts-Moulagen für das gegenseitige Erkennen im Jenseits von größter Bedeutung.

Zuletzt folgte eine höchst wichtige Amtshandlung: ein dreistündiges eindrucksvolles Exorzismusritual. Als Zeremonienmeister fungierte – wie konnte es anders sein – ein chassidischer Wunderrabbi, ein gewisser Dow von Mesiritsch, der mit allerlei Gebeten und Zaubersprüchen jeden nur erdenklichen Dibbuk (bösen Geist) aus den Körpern der Neueinwanderer vertrieb, um so das Paradies vor der möglichen Einschleppung unerwünschter Besucher zu bewahren. Mit Beendigung der vierstündigen Zeremonie war für mich der Besuch des Hospitals beendet, doch viele Gallerten mussten hier noch sehr viel länger verweilen, um sich der vorgeschriebenen Inkubatorbehandlung zur Festlegung des erforderlichen Lebensalters zu unterziehen.

Schon am zweiten Tag des Aufenthaltes in Camp Ellis begann das „Überlebenstraining". Ich belegte – wie vorgeschrieben – die Kurse „Freies Fliegen", „Grundkenntnisse der Harfenmusik mit Stimmübungen", „Aramäisch" und „Religiöse Umerziehung".

Am meisten Spaß macht das Fliegen, vor allem, weil wir zwei herausragende Fluglehrer haben: Ikaros ben

Daidalos, den berühmten Pionier des freien Fliegens und Wilbur Wright, er erbaute gemeinsam mit seinem in der Hölle schmorenden Bruder Orville das erste mit Motor angetriebene Flugzeug. Besonders das Fliegen mit Ikaros bereitet großes Vergnügen, wobei selbst die spektakulärsten Abstürze aus großer Höhe Paradies-Gallerten nichts ausmachen können. Anders als das automatisch erlernte langsame und freie Dahinschweben in nur geringer Höhe, ermöglicht der Einsatz der Flügel eine rasche Überbrückung von großen himmlischen Entfernungen. Weit unpraktischer ist das Steuern der Wohnwolke, die infolge der schlampigen Arbeit mancher Mechanikerengel, auf telepathische Kurskorrekturen nur sehr träge, oft unberechenbar reagiert.

Weit weniger erfreulich verläuft der Harfenunterricht, der von einem bösen alten Mann, einem gewissen Elieser aus Meggido, einst der Lehrer König Davids, geleitet wird. Der Mann ist völlig unmusikalisch und verabscheut außerdem jede Form von moderner Musik. Ähnliche ungute Erfahrungen muss ich vom Sprachunterricht berichten. Die Schwierigkeiten sind darauf zurückzuführen, dass die Mehrzahl der Studenten in ihrem ganzen Leben weder Hebräisch noch Aramäisch lernte und Rabbiner Jehuda – Begründer der berühmten Akademie in Pumbedita, Babylon – für derartige Schwächen wenig übrig hat.

Besonders großen Wert legt die himmlische Bürokratie auf das Erlernen aller vorgeschriebenen Gebete und die Befolgung der religiösen Vorschriften. Deswegen müssen wir täglich fünf Stunden lang in all diesen, den meisten Juden heute nicht mehr geläufigen, Sitten und Traditionen unterwiesen werden. Unser strenger Lehrer, Josef Karo – Verfasser des halachischen Kompendiums *Schulchan Aruch*, die für orthodoxe Juden verbindliche Gesetzessammlung aus dem 16. Jahrhundert –, lehrt die Studierenden, dreimal täglich zu beten, Zizit (Quasten) und Tallit (Gebetsmantel) zu tragen und Tefillin (lederne Gebetsriemen mit Kapseln) richtig anzulegen, wobei weibliche Gallerten von diesem Gebot – so wie auch auf Erden – „befreit" sind. Außerdem erklärt und kommentiert der heilige Mann auch alle religiösen Gebote und jüdischen Festtage. Er verlangt aber auch von uns allen – vor versammelter Gemeinde –, unsere Sünden zu bereuen und das Versprechen abzulegen, im Himmel Buße zu tun. Seine besondere Aufmerksamkeit gilt ehemaligen Reformjuden, die, durch sündige Reformrabbiner irregeleitet, schreckliche Dinge behaupten. Lauter schlimme Irrmeinungen wie beispielsweise, dass nicht die gesamte Thora alleine auf den größten aller Propheten – Moses – zurückgehe; dass im menschlichen Dasein Ethik wichtiger sei als festgelegte Rituale; dass gewisse Gebete – wie zum Beispiel die morgendliche Danksagung des Mannes für die große Gunst, „nicht als Frau erschaffen worden zu sein" – überholt seien; oder dass man Frauen gleiche religiöse und soziale Rechte und Pflichten wie den Männern einräumen müsse. Zu meiner großen Schande muss ich bekennen, dass auch ich gute Miene zum bösen Spiel machte und fleißig und treuherzig meine eigene Vergangenheit bereute, um ja im Paradies verbleiben zu dürfen.

Morgen ist der große Tag: Ich werde Camp Ellis verlassen und endgültig im „Standard-Paradies" Einzug halten, ich bin schon gespannt, was mich dort alles erwartet.

15.5.2010

Es ist Abend, und in Kürze erlischt die Paradiesbeleuchtung. Das Himmelsgewölbe wird dann schlagartig in ägyptischer Dunkelheit versinken, und wir, die
Wolkenbewohner, werden uns – wohl oder übel – zur
Nachtruhe begeben müssen. Doch solange es noch
geht, will ich die Ereignisse des heutigen Tages in mein
Tagebuch eintragen.

Heute Punkt sieben Uhr morgens erschien der von
vielen heiß ersehnte Schaliach (Bote) der Himmelsverwaltung in Camp Ellis, um uns in das eigentliche Paradiesgelände zu geleiten. Er stellte sich als Schammuna
ben Sakkurs vor, ein Name, der mir bekannt vorkam,
und ich erinnerte mich bald daran, dass diese Person
in der biblischen Geschichte vom Auszug aus Ägypten
Erwähnung fand (Numeri, Kapitel 13). Damals zogen
zwölf Kundschafter auf Befehl des Moses in das Land
Kanaan, um ihre Feinde auszuspionieren. Zehn von
ihnen berichteten bei der Rückkehr von ihrer Mission
schreckliche Geschichten über die „unbezwingbaren
Riesen", die Nachkommen Anaks, was zur allgemeinen
Verunsicherung und Entmutigung der Israeliten führte.
Nur zwei der Kundschafter, Kaleb und Josua – jetzt
glückliche Insassen des „Exquisit-Paradieses" –, ver-
suchten das Volk zu ermuntern, was ihnen aber nicht
gelang und weswegen Moses auf Befehl des Chefs die
Hebräer zu einer 40-jährigen Wanderung durch die
Wüste verdonnern musste.

Schammuna befahl uns sogleich, mit all unseren
Habseligkeiten die Wohnwolken zu besteigen und ihn
nach Neubabel – den Sitz der Himmelsbürokratie – zu
begleiten, die Männer vorne, die Frauen am Ende der

Wohnwolkenkarawane. So flogen wir langsam und etwas unsicher in geringer Höhe über eine scheinbar unendliche Ebene mit geringem Pflanzenwuchs und ohne Anzeichen irgendwelcher menschlichen Behausungen dahin. Nur dann und wann kreuzten einzelne Wohnwolken – einige von ihnen auf Kollisionskurs – unsere Route, doch dank einer niedrigen Reisegeschwindigkeit und der Geschicklichkeit unseres Chefpiloten konnten Zusammenstöße vermieden werden.

Während des Fluges erfuhr ich von Schammuna, der sich – wie es sich für einen guten Spion gehört – äußerst wortkarg verhielt, einige wenige Details aus seinem Leben und auch, dass der Bibelbericht von den zwölf Spionen fehlerhaft niedergeschrieben worden sei. Denn in Wirklichkeit sei er es gewesen – und nicht, wie in der Bibel berichtet, die Kollegen Kaleb und Josua –, der die Israeliten ermuntert hatte, gegen die kanaanitischen Riesen mutig zu kämpfen.

Nach einem dreistündigen ereignislosen Flug sichtete ich schon aus großer Entfernung unser Ziel, die Silhouette von Neubabel. Der riesige zwölfstöckige Gebäudekomplex besteht aus fünf einzelstehenden, kreisförmig angeordneten Türmen. Die kristallenen Ungetüme tragen ein quadratisches, metallisch schimmerndes Flachdach, über dessen geometrischem Mittelpunkt eine goldene, riesige Kugel frei zu schweben scheint. Schammuna erläuterte, dass vier der Türme die autonomen Verwaltungsbüros aller, nach Konfessionen unterteilten, Paradiese beherbergen und von Turm 5 das Paradies der Tiere geleitet werde. In der über dem Dach frei schwebenden goldenen Kugel ist das, meist verwaiste, Büro des Chefs und seiner Stellvertreter untergebracht. Ich erfuhr auch, dass das ganze

Verwaltungsareal, zum Schutz vor Dämonen und Paradiesfeinden jeder Art, von tiefen Wassergräben und Stacheldraht umgeben ist.

Bald landeten die meisten der Reisenden mit ihren Wohnwolken wohlbehalten auf dem Dach von Neubabel, einigen wenigen misslang das Manöver kläglich, sie mussten von Suchteams aus den weit verzweigten Wassergräben gerettet werden. Fluchend und schimpfend führte Schammuna die Neuankömmlinge in den Versammlungssaal des Stammes Ruben im ersten Stock von Turm 1, in dem ein köstliches Manna-Büffet, in zwölf Geschmacksrichtungen, auf die hungrige Truppe wartete. Nachdem wir unseren Heißhunger gestillt hatten, erschien Direktor Ruben, der Erstgeborene Sohn von Lea und Jacob, um die Neueinwanderer auf ihr zukünftiges „Leben" – und vor allem auf ihre Pflichten – vorzubereiten. Sein langatmiges, schwer verständliches, von einem Engeldolmetsch übersetztes Referat in altaramäischer Sprache will ich inhaltlich stark gekürzt wiedergeben:

I.   „Allgemeine Pflichten":

1.   Die Himmelsverwaltung verlangt von allen „Standard-Paradies"-Insassen eine bedingungslose Befolgung der geheiligten himmlischen Gesetze und Traditionen.

2.   Wer gegen die guten Sitten verstößt, Unzufriedenheit zeigt oder schürt, gar Reformpläne schmiedet, verwirkt seinen Platz im Paradies.

3.   Die Behörden erwarten von allen Paradiesbewohnern, dass sie sich stets glücklich fühlen und das auch dementsprechend kundtun. Jeder Paradiesbürger wird – zwecks Entlastung der Himmels-

bürokratie – an mindestens drei Wochentagen zum freiwilligen Hilfsdienst verpflichtet.

4. Um Punkt drei zu ermöglichen, wird das freie Niederlassungsrecht im Paradies geringfügig eingeschränkt. Der selbst gewählte Wolkenanlegeplatz darf daher nicht weiter als eine Wolkenflugstunde von Neubabel entfernt liegen.

5. Es ist strengstens untersagt, mit Erde und Hölle Kontakt aufzunehmen.

6. Ein auffälliges Benehmen von Mitbewohnern – besonders ein Verhalten, dass auf den Einfluss von Dämonen und Reformrabbinern hindeuten könnte – ist den Behörden oder den zehn Kundschaftern augenblicklich zu melden.

7. „Standard-Paradies"-Bewohner sind verpflichtet, sich dreimonatlich im Gesundheitsamt von Neubabel einzufinden. Im Rahmen dieser Durchuntersuchung wird die eingepflanzte Chipkarte kontrolliert und die obligate Antisexspritze verabreicht.

8. Am Schabbes ist es strengstens verboten, mit der Wohnwolke auf Reisen zu gehen.

9. Die paradiesischen Bekleidungsvorschriften sind strikt einzuhalten. Das Tragen des Heiligenscheins, sowie von Perücken (gilt nur für Frauen) und einer Kopfbedeckung – Kippa oder Streiml – für Männer ist Pflicht.

10. Es ist strengstens verboten, im Paradies Äpfel zu essen und sich mit sprechenden Schlangen zu unterhalten.

II. Zum Tagesablauf (an Werktagen)

5 Uhr: Weckruf mit Schofarblasen (einem Widderhorn); morgendliche Waschung; Anlegen der Tefillin,

der ledernen Gebetsriemen mit Kapseln um Kopf und linken Arm; gefolgt vom Morgengottesdienst.

6 Uhr: Manna-Frühstück und Segenssprüche.

7 Uhr bis 12 Uhr und 14 Uhr bis 18 Uhr: Sonntag, Dienstag und Donnerstag Chorgesang (Harfe mitbringen).

Montag, Mittwoch, Freitag Büroarbeiten im Dienst der Himmelsverwaltung; bei Bedarf auch Küchendienst.

12 Uhr bis 14 Uhr: Mincha (Mittagsgebet), Mittagessen und Mittagspause zur freien Gestaltung.

18 Uhr: Maariv (Abendgebet).

19 Uhr: Abschaltung der Himmelsbeleuchtung und Nachtruhe.

III. Schabbes und andere Festtage

Diese Tage sind Ruhetage. Wegen der Ausführlichkeit der Festtagsbestimmungen werden weitere Details gesondert bekannt gegeben.

IV. Belohnung und Bestrafung

Wohlverhalten wird grundsätzlich belohnt (Belohnungsliste auf Anfrage erhältlich); Nichtbefolgung der Vorschriften wird gerecht geahndet (Strafausmaß: Manna-Entzug oder auch zeitweilige, im Einzelfall dauerhafte, Versetzung in die Hölle).

V. Verwaltungsstrukturen (allgemeine Informationen)

Neubabel ist seit 5770 Jahren die zentrale Verwaltungsstelle für Himmel, Hölle und Erde.

Die Leitung der Gesamtorganisation obliegt seither den vier Erzengeln Michael, Raphael, Gabriel und Uriel, sie fungieren auch als Chefvertreter. Stellvertreter der Erzengel sind: Moses – der größte aller Propheten – sowie die Erzväter Abraham, Isaak und Jacob. Verbindungsoffiziere zu den Erzengeln – und somit den Erzvätern direkt unterstellt – sind die Propheten Samuel, Elija und Jesaja sowie der Lubavitscher Rebbe Menachem M. Schneerson, der zwar erst 1994 verstarb, aber schon geraume Zeit davor zwischen Paradies und Erde hin und her gependelt und auf seine Aufgabe als kommender Messias intensiv vorbereitet worden war. Ihre Stellvertreter wiederum sind die Rabbiner Akiba, Hillel der Ältere, Schammai und Ovadia Jossef (diese Stelle ist derzeit noch vakant). Zur himmlischen Elite gehören auch die zahlreichen Engel mit niedrigerem Dienstgrad (Cherubim, Serafim, Erelim und Ofanim). Ihre Zuständigkeit erstreckt sich vorwiegend auf Repräsentation, Transport, Begleitung und Empfang der Gallerten, Chorleitung und Blumenstreudienst.

Die himmlische Security obliegt den zehn Kundschaftern unter der Leitung von Schammuna ben Sakkurs und einem gewissen Itamar Ben Gvir, der zur Zeit noch auf Erden weilt. Ihnen sind alle verdächtigen Beobachtungen augenblicklich zu melden. Anregungen und berechtigte Beschwerden können an Hiob von Uz im 8. Stockwerk von Neubabel gerichtet werden, er wird sie geduldig und widerspruchslos einsammeln und alle 120 Jahre an die zuständigen Behörden weiterleiten.

VI. Freizeit und Urlaub
Außerhalb der offiziellen Arbeits- und Gebetszeiten ist es den Paradiesbewohnern gestattet, ihre Freizeit selbst – in Übereinstimmung mit den oben genannten Vorschriften – zu gestalten.

Freizeit-Angebote des Monats

a) Sportliche Wettbewerbe (mit Preisverleihung): dreidimensionales Schach; Heiligenscheinweitwurf-Turnier, Talmud-Thora-Quiz.

b) Audienzen: Voranmeldungen für Kurzaudienzen bei Moses, dem größten Propheten aller Zeiten, und dem Patriarchen Abraham ben Terach werden für das Jahr 7801 ab sofort entgegengenommen.

c) Exkursionen: Eintagestouren zur Hölle mit musikalischem Höhepunkt (Jacques Offenbach dirigiert „Orpheus in der Unterwelt").

d) Kochkurs „Koschere Manna-Spezialitäten". Leitung: Oberpriester Aaron, Bruder des Moses; Supervision: Rebbe Josef Blau (ehemals Bewohner von Mea Schearim).

e) Zusammentreffen mit Familienangehörigen.

Wegen der großen Nachfrage bitte um rechtzeitige Anmeldung beim Amt für Freizeitaktivitäten auf Ebene 4 und beim Amt für Familienzusammenführungen auf Ebene 6.

Nachdem Ruben seinen Begrüßungsvortrag beendet hatte, und die meisten der Anwesenden von den Saalordnern erfolgreich wachgerüttelt worden waren, erhielt jeder von uns seinen individuell gestalteten Wochendienstplan ausgehändigt. Dann folgten wir Schammuna zur Trachtenausgabe, zum Schalter, wo seit Jahrtausenden die Neuankömmlinge entsprechend den Traditionen ihrer Zeit eingekleidet werden. Ich bekam ein leicht abgetragenes graues Sakko und eine dazu passende gelbe Krawatte mit lustigen Känguruhfiguren. Hose, Hemd, Socken und Unterwäsche sind heute von der himmlischen Putzerei nicht geliefert worden, angeblich wegen „Dienst nach Vorschrift". Sie sollen aber in den nächsten Monaten nachgeliefert werden.

Ausgeschlafen und neu eingekleidet begaben sich alle Gallerten in Begleitung von Schammuna wieder auf das Dach von Neubabel, zurück zu ihren in einer sanften Nachmittagsbrise träge dahintreibenden Wohnwolken. Auch ich machte es mir auf der Wohnwolke bequem, lockerte die Ankerleine, winkte Schammuna zu und ließ mein Wolkenheim sachte hinauf zu den goldfarben schillernden himmlischen Kumuluswolken steigen.

Jetzt endlich sind wir alle anerkannte Bürger des „Standard-Paradieses", glückliche, und unsterbliche Gallerten, mit dem festen Vorsatz, unser künftiges „Leben" maximal zu genießen.

Da ich am morgigen Tag schon in aller Früh den vorgeschriebenen Bürodienst in Neubabel antreten muss, beschloss ich, die langsam dahintreibende Wohnwolke möglichst nahe vom Arbeitsplatz niedergehen zu lassen.

Auf der Suche nach einem geeigneten Ankerplatz verspürte ich das dringende Bedürfnis, mit meiner Harfe zu musizieren. Sogleich entlockte ich dem wunderbaren Instrument einige herrliche Töne und fing auch an, laut zu singen. Da mir als unmusikalischem Menschen nur wenige Melodien geläufig sind, stimmte ich das beliebte und bekannte „Hewenu Schalom"-Lied („Wir bringen euch Frieden") an, doch schon Sekunden später vernahm ich vom Boden her die ersten lauten Proteststimmen. Die mir zugedachten wenig feinen

Schimpfwörter und Flüche will ich hier nicht wiedergeben. Ich blickte hinab und sah, dass die weite Ebene unter mir von eng nebeneinander verankerten Wohnwolken bedeckt war, auf denen sich unzählige, bunt gekleidete Gestalten tummelten. Soweit ich es von meiner etwas entfernten Position beurteilen konnte, handelt es sich um Gallerten aus den unterschiedlichsten Zeitperioden seit der Erschaffung von Himmel und Erde. Neben kleinen, affenartigen, pelzigen Kreaturen erblickte ich viele dunkelhäutige, schlanke Nomaden; massige, Keulen und Schwerter schwenkende Soldaten; bärtige Propheten; Gestalten mit gelben spitzen Hüten; schwarzgekleidete, streimltragende Fromme und wenige modern gekleidete Zeitgenossen, manche von ihnen in schicker Sportbekleidung. Auffallend, wenn auch nicht überraschend, waren die Gruppenbildungen, also das instinktive Verlangen der Menschen nach Zusammenleben mit „Gleichgesinnten" in freiwillig errichteten Ghettos.

Leicht beleidigt über die massiven Proteste gegen meine Gesangskünste gab ich Gas und beeilte mich, ein weniger dicht bevölkertes Landeareal zu finden. Doch soweit ich auch steuerte, überall bot sich mir der gleiche Anblick: ein trostloses Bild der Überbevölkerung. Müde und verwirrt steuerte ich daher einen kleinen Wald an, dessen rund zweihundert Meter hohe Bäume mir als Ruheplatz geeignet schienen. Obwohl auch andere Paradiesbewohner die gleiche Idee wie ich hatten, gelang es mir, nach einem kurzen Handgemenge mit einigen wenig freundlichen Baumbewohnern, sicher auf einer der Baumkronen zu landen.

Kurz danach – mir blieb gerade noch so viel Zeit, einige Notizen niederzuschreiben – erlosch die Himmelsbeleuchtung, während aus allen Richtungen das Gemurmel der Betenden zu vernehmen war. In dieser stockfinsteren Nacht sprach auch ich mein Abendgebet und begab mich augenblicklich zur Ruhe.

23.5.2010

Heute will ich die Ereignisse der vergangenen sieben Tage zusammenfassen:

Vor genau einer Woche begab ich mich, nach Verrichtung fast aller morgendlichen Rituale, erstmals zum nahegelegenen himmlischen Verwaltungsgebäude. Um dorthin zu gelangen, benutzte ich probeweise die neuen Flügel, was zur Folge hatte, dass ich auf dem Weg dorthin mehrmals notlanden musste und ich obendrein meinen Heiligenschein leicht beschädigte.

Beim Gebäudeeingang angelangt, begab ich mich zunächst zum Informationsschalter, wo so zeitig am Morgen nur wenig los war. Nach kurzer, einstündiger Wartezeit wurde ich von der Schalterdame – einer dürren, strengen Person unbestimmten Alters – kühl empfangen. Ich nannte meinen Namen und bat sie, den mir zugeteilten Arbeitsplatz bekanntzugeben. Sie durchsuchte demonstrativ langsam ihre Steintafelarchive, bis sie nach rund zwanzig Minuten Suche mir gütigerweise mitteilte, dass ich mich sofort in den 12. Stock, das „Büro für irdische Angelegenheiten" begeben sollte. Dort glücklich angekommen, wurde ich vom Abteilungsleiter, einem überfordert wirkenden Beamten namens Huschim ben Dan – ein Streiml und Kaftan tragender Chassid der ersten Stunde –, in Empfang genommen und über den Tätigkeitsbereich dieses wichtigen Büros informiert. Das Büro – es wird seit jeher vom Stamm Dan verwaltet – ist eine der wichtigsten Schaltstellen von Neubabel. Von diesem Büro aus wird, in enger Kooperation mit den Partnerbüros im 12. Stockwerk der übrigen Türme, das Schicksal der Erde und ihrer Bewohner verwaltet; hier werden auch alle von der Erde kommenden Mitteilungen und Anforderungen gesammelt, sortiert und bearbeitet.

Wie jeder bewohnte Planet des Universums, wird auch die Erde von auf ihr weilenden, gut getarnten Engeln und Dämonen unauffällig bevölkert. Alle himmlischen Anweisungen werden von diesen für Menschen unsichtbaren Wesen innerhalb von wenigen Stunden in die Tat umgesetzt, wobei die Kommunikation mit dem Himmel über einen genial erdachten Tachyonenbeschleuniger erfolgt. Huschim erklärte mir, „dass Tachyonen Elementarteilchen seien, die sich schneller als Licht bewegen (genau genommen entspricht ihre unterste Geschwindigkeit der Lichtgeschwindigkeit), sie seien schon um 500 v. Chr. vom griechischen Gelehrten Tachynos postuliert worden. Auch einzelne hervorragende moderne Wissenschafter –wie Gerald Feindberg und Christian Mondschein – hätten die Existenz der Tachyonen längst bewiesen und gezeigt, dass sie aus Chaos Ordnung schaffen. Laut Huschim „wird diese wunderbare Energie auf Erden von Produkten einer Schweizer Firma zur Harmonisierung der feinstofflichen Ebenen genutzt, um bestimmte gesundheitliche Probleme – wie energetisch bedingte Allergien – zu lösen".

Sobald Huschim von meinem Beruf – „Rabbiner" – Kenntnis erlangte (der arme, überarbeitete Mann hatte zum Glück keine Ahnung, was ein Reformrabbiner ist), schüttete er mir sein Bürokratenherz aus. Ich erfuhr, dass seine direkten Vorgesetzten – der Chef selbst, aber auch die Erzengel und ihre Stellvertreter – sich ständig auf Reisen und diversen Veranstaltungen befänden, sich oft jahrhundertelang nicht blicken ließen, und er daher die meiste Zeit ganz alleine die Gesamtverantwortung zu tragen habe, ein Umstand, der seine Psyche schwer in Mitleidenschaft ziehe. Ich drückte ihm mitfühlend mein volles Verständnis für seine schwierige Lage aus und versprach, meine Arbeit gewissenhaft zu erledigen, um ihn ein wenig zu entlasten. Gerührt über diese Worte drückte mir Huschim einen dicken Kuss auf meine Lippen und geleitete mich in ein kleines armseliges Zimmer, direkt neben dem Büro seiner Chefsekretärin, den Raum, wo sich auch der Tachyonenbeschleuniger befand.

Im spartanisch eingerichteten Zimmer standen zwei Zedernholztische und ein Förderband. Auf dem kleineren der beiden Tische stand eine altertümliche Schreibmaschine, die über dicke gelbe Kabel mit einem am Fensterbrett stehenden rostigen teleskopartigem Instrument – offensichtlich der Tachyonenbeschleuniger – verbunden war. Auf dem größeren der beiden Tische stapelten sich mehrere hundert Steintafeln mit eingeritzten, für die Erde bestimmten himmlischen Anweisungen. Meine Hauptaufgabe war es, diese für die irdischen Adressaten gedachten Befehle zuerst auf ein Papyrusblatt zu tippen und dann, durch Aufsagen eines Lobspruches „über die Wunder", den Tachyonenbeschleuniger zu aktivieren. Es war aber auch meine Pflicht, alle über das Förderband stündlich einlangenden Steintafeln mit aramäisch und jiddisch geschriebenen Anforderungen und Rückmeldungen von der Erde nach deren Größe und Farbe zu ordnen und zu analysieren. Alle wichtigen Botschaften waren dann sofort an Huschims persönliche Sekretärin im benachbarten Büro weiterzuleiten. Sogleich fing ich mit meiner Arbeit an und verzichtete an diesem Tag, wegen der großen Menge unerledigter Arbeiten, freiwillig auf die mir zustehende Mittagspause.

Im Allgemeinen handelte es sich beim Großteil der himmlischen Anweisungen an die Erde um ganz banale Dinge wie: Steuerung des Wetters, Regulierung des Golfstromes, Bewegungen der tektonischen Erdplatten, zeitgemäßes Einsetzen der Schneeschmelze, Ausstellen von Bewilligungen für Neuzugänge und Abgänge auf Erden, Vorschläge zur Stärkung der heiligen Schass-Partei in Israel und vieles mehr. Mitunter waren aber auch einige der Anordnungen von noch größerer Tragweite. Ich meine unter anderem die Organisation von Jenseitstransporten, Holz- und Kohlelieferungen für die Höllenöfen, das Festlegen der wöchentlichen Lottozahlen und Manipulation von Fußballspielen in aller Welt.

Was mir hingegen sehr zu schaffen machte, war die Tatsache, dass im Paradies auch sämtliche Katastrophen, die sich auf Erden abspielen, beschlossen und abgesegnet werden. So musste ich himmlische Befehle für die Ausbreitung der Ebola-, Tuberkulose-, Corona- und Aids-Epidemien in Afrika, sieben Flugzeugabstürze (ohne Überlebende), vier Vulkanausbrüche mit insgesamt 12.301 Toten, 27 Terroranschläge und andere Scheußlichkeiten an unsere Mitarbeiter durchgeben. Als ich meinen Unmut über all das offensichtlich Böse bei Huschim deponieren wollte, ließ er mir von seiner Sekretärin nur ausrichten, dass es für die Sünden der Menschen, ganz besonders ihre sexuellen Ausschweifungen, unsinnigen wissenschaftlichen Erkenntnisse, Zweifel an der himmlischen Gerechtigkeit und Bemühungen um religiöse Reformen – leider Strafe geben müsse.

Recht bescheiden erschienen mir die Fürbitten aus der Welt der Lebendigen: Im Allgemeinen ersuchten die auf der Erde stationierten himmlischen Gehilfen um mehr Personal – eine derartige Mitteilung war auch mit einer Streikdrohung verbunden – und um einen raschen Ausbau der Kommunikation mit dem Jenseits. Denn es scheint, dass viele der himmlischen Anweisungen entweder verstümmelt auf Erden ankommen oder unlogisch, verworren, zum Teil sogar widersprüchlich sind und daher für große Verwirrung sorgen, was sicherlich auch mit dem Routinegebrauch der aramäischen Sprache zu tun hat. Die Fürbitten der Menschen kreisten stets um die gleichen Themen: Gebete um Gesundheit, Reichtum, Potenzsteigerung, Machtvermehrung, Krankheit und Todeswünsche für echte und vermeintliche Konkurrenten, Feinde und Schwiegermütter. Besonders beliebt waren auch Bitten um himmlische Vergebung von Sünden. In Huschims Büro wurde am ehesten den letztgenannten Bitten entsprochen, einfach deswegen, weil Vergebung von Sünden mit wenig Aufwand verbunden ist; die meisten anderen Wünsche landeten sofort im Papierkorb.

Um mir die tägliche mühsame Anreise zu sparen, bat ich Huschim, in meinem Büro übernachten zu dürfen und von den Chorproben befreit zu werden, ein Wunsch den er mir bereitwillig – nach Entgegennahme einer Flasche Wodka – gewährte. So arbeitete ich die folgenden drei Tage im „Büro für irdische Angelegenheiten", erfüllte auch dort die vorgeschriebenen rituellen Gebote und erholte mich zwischendurch auf meiner am Dach von Neubabel verankerten Wohnwolke. Während der Mittagspause bemühte ich mich immer wieder, das Gebot der absoluten Glückseligkeit zu befolgen, was mir aber nur selten gelang; die übrige Zeit lauschte ich dem Gesang der Engel und versuchte, auf meiner Harfe zu spielen, ein Unterfangen, das sofort durch Buhrufe von allen Seiten und derben Flüchen unterbunden wurde.

Ab der zweiten Wochenhälfte musste ich plötzlich im „Ministerium für innere jüdische Paradiesangelegenheiten" aushelfen. In den folgenden drei Tagen erblickte ich zwar keinen der großen Direktoren, doch ich bekam die Gelegenheit, einen Teil des weitverzweigten Ministeriums näher kennenzulernen. Das sehr beeindruckende Ministerium hat folgende Unterabteilungen:

1. „Verwaltungsbüro für Paradies und Hölle" im 11. Stockwerk (Leitung: Juda ben Jacob und seine fünf Söhne).

2. „Security" im 10. Stockwerk (Leitung: Gad ben Jacob und seine sieben Söhne. Hauptberater: Edgar Hoover, ein berühmt-berüchtigter amerikanischer Antisemit, der im Angesicht des Todes – von Reue ergriffen – insgeheim bei einem ultraorthodoxen Rabbiner zum Judentum konvertierte; ihm wird übrigens ein besonderes Naheverhältnis zu Erzengel Uriel nachgesagt.

3. „Belohnung und Bestrafung" im 9. Stockwerk (Leitung: Simeon ben Jacob und seine sechs Söhne).

4. „Religion und Exorzismus" im 8. Stockwerk (Leitung: Levi ben Jacob und seine drei Söhne).

5. „Beschwerden und Anregungen" im 7. Stockwerk (Leitung: Naftali ben Jacob und seine vier Söhne. Hauptberater: Hiob von Uz).
6. „Familienzusammenführungen" im 6. Stockwerk (Leitung: Josef ben Jacob und seine Söhne Menasse und Efraim).
7. „Gesundheitsamt" im 5. Stockwerk (Leitung: Benjamin ben Jacob und seine drei Söhne).
8. „Freizeitgestaltung" im 4. Stockwerk (Leitung: Issachar ben Jacob und seine vier Söhne).
9. „Informationsbüro" im 3. Stockwerk (Leitung und Chefredaktion der himmlischen Regenbogenzeitung *Keschet*: Sebulon ben Jacob und seine drei Söhne).

Der Vollständigkeit halber will ich noch ergänzen, dass im 2. Stockwerk des Turmes sich die koschere Himmelsgroßküche unter der Leitung von Ascher ben Jacob und seinen drei Söhnen befindet. Auf der untersten Ebene liegt der uns schon bekannte Versammlungssaal (Verwalter: Ruben ben Jacob und seine vier Söhne).

Im „Innenministerium" arbeitete ich im 11. Stockwerk, zuerst in der Unterabteilung „Paradies und Hölle". Auch dort musste ich beim altersschwachen Tachyonenbeschleuniger sitzen und Bestellungen von den höheren Paradies-Kategorien und auch aus der Hölle entgegennehmen.

Vom jüdischen „Exquisit-Paradies" erhielten wir zwei Steintafeln mit einer langen Liste von Sonderwünschen. Auf Tafel eins waren folgende Anforderungen eingeritzt: eine Tonne Wachteln, drei Tonnen Meeräschen-Kaviar, eine Tonne Foie gras und etwas kleinere Mengen an Humus (Erbsenpaste), Techina

(Sesampaste), Falafel (frittierte Gemüsebällchen), Latt-kes (Kartoffelpuffer), Loschkenkugel (Nudelpudding), Tscholent (auf kleinster Flamme geschmorte Fleisch- oder Gemüsegerichte), Safran-Basilikum-Nage für Lachsgerichte, frische Trüffel, Apfelstrudel, original Sachertorte, Nektar und diverse Weine (koscherer sü-ßer Karmel-Wein, weniger koschere erlesene Burgun-der- und Bordeauxweine), kubanische Zigarren, Gläser für Likör, Cognac und Champagner. Tafel Nummer zwei enthielt die dringende Bitte um Verdoppelung der Einwanderungsquote für hübsche, junge weibliche Gallerten (vorzugsweise Jungfrauen), fünfhundert Ki-logramm Kokain und dreitausend Packungen Viagra-Tabletten.

Wenig später trafen auch mehrere Nachrichten auf leicht angesengten Steintafeln von der Hölle ein: zu-nächst einige Routineanforderungen wie die Bitte um Nachlieferung von 2000 Lederpeitschen, Feuerzangen, 20 Zentimeter langen, rostigen Nägeln, einhundert Holzkäfigen, eine Million Tonnen Kohle und zweihun-derttausend Liter Benzin. Dann folgte eine Steintafel, die von Satan höchstpersönlich verfasst worden war. In dieser Botschaft machte er Direktor Juda ben Jacob auf den traurigen Umstand aufmerksam, dass die alther-gebrachten höllischen Folterwerkzeuge langsam aber sicher in ihrer Wirkung nachließen und es deswegen hoch an der Zeit wäre, neue Foltermethoden in seinem Reich einzuführen. Ein Team qualifizierter Hilfsteufel arbeite deswegen, in enger Zusammenarbeit mit ehe-maligen KGB-Größen, folgende Vorschläge aus:

1. Anwendung von Elektroschocks;

2. Psychofolter durch wöchentliche Aufführungen von Dolly-Buster-Pornofilmen, um die Lust der alten Sünder auf Unmögliches zu wecken;

3. Zwangsmästungen über tief in die Speiseröhre eingeführte Trichter (verschärfte Variante: wöchentliche Zwangsfütterung mit der eigenen, in Madeira eingelegten Fettleber).

Es wäre auch wünschenswert, meinte Satan, wenn – viertens – die freien Kapazitäten der Hölle rasch aufgefüllt werden könnten, um so die Qualen der Sünder in einer hoffentlich bald überfüllten Hölle zu vermehren; ein Plan, der unter Berufung auf Genesis (Kapitel 1, 28) und mit Unterstützung vieler irdischer Theologen aller Schattierungen durch Behinderung jeder Geburtenkontrolle auf Erden sich leicht in die Praxis umsetzen ließe. Abschließend bat Satan, all seine Freunde und Verbündeten in Neubabel herzlich zu grüßen und drückte seine Hoffnung auf weiterhin gute Zusammenarbeit aus.

Während sämtliche Wünsche aus dem „Exquisit-Paradies" prompt bewilligt wurden, musste – auf Grund eines Vetos von Juda ben Jacob – der gut gemeinte Vorschlag der Eigenlebermästung, aus Mangel an Madeira-Weinen im Jenseits, einstweilen abgewiesen werden. Da die Unterabteilung „Paradies- und Höllenverwaltung" eng mit Naftalis „Büro für Beschwerden und Anregungen" zusammenarbeitet, musste ich auch dort einen Teil meiner Arbeitszeit verbringen.

Einige der dort eingelangten Beschwerden und Anregungen von Paradiesbewohnern will ich an dieser Stelle auflisten: die meisten Beschwerden – vorwiegend von männlichen Gallerten –betrafen die „miese Verpflegung", wie sich so mancher ausdrückte. Nur

Manna, in nur wenigen Geschmacksrichtungen, über Monate, Jahre, Jahrhunderte, Jahrtausende und in alle Ewigkeit zu essen, schien einigen nicht zu gefallen, zumal die mühsame Prozedur der Auflösung der Manna in Himmelstau recht zeitraubend ist. Mehrere ehemalige Bewohner von Mea Schearim in Jerusalem drückten auch ihre Zweifel über die rituelle Reinheit der Manna aus; ihr Argument klang recht logisch: Die Manna, die bekanntlich vom Boden aufgelesen wird, könnte doch von allerlei Gewürm und sonstigen Parasiten befallen werden (alles „unreine" Lebewesen). Einige Querulanten beklagten sich, für mich völlig unverständlich, über die „Gesangskünste" eines Neuankömmlings und ersuchten, „diese rabbinische Plage", zwecks Strafverschärfung für die Höllen-Insassen, dorthin zu befördern.

Auch andere interessante Anregungen von Paradiesbewohnern will ich wahrheitsgetreu auflisten, so zum Beispiel: die Idee zu einem Fußballspiel einer Paradiesmannschaft gegen die Auswahl der Hölle, wo bekanntlich viele der verstorbenen Fußballstars hausen. Eine weitere Anregung, die vielen Heiligen im Paradies gefallen wird, lautete: Separierung der weiblichen Gallerten durch Errichtung einer eigenen „Standard-Paradies"-Abteilung für Frauen. Begründet wurde dieser Wunsch mit dem Argument, „dass sich betende Männer in Gegenwart von Frauen kaum auf ihre Andacht konzentrieren könnten".

Die Arbeitstage in Neubabel vergehen quälend langsam, den siebenten Tag der Woche, den Schabbat, verbrachte ich – wie vorgeschrieben – betend, singend und ruhend auf meiner am Dach des Gebäudes verankerten Wohnwolke. Am Nachmittag erhielt ich überraschenden Besuch. Es waren zwei, mir von Anfang an irgendwie bekannt vorkommende Gestalten, beide weit jünger aussehend als ich und seltsam altmodisch gekleidet. Sie stark geschminkt, mit langen schwarzen Haaren, er groß, blond und Träger eines Vollbartes. Beide schwebten auf mich zu, umarmten und küssten mich und fingen an, heftig zu schluchzen. Überrascht und leicht verwirrt versuchte ich zunächst, die mir Unbekannten abzuwehren, bis mir plötzlich klar wurde, wer vor mir stand: nämlich meine, bei einem Flugzeugabsturz in jungen Jahren umgekommenen Eltern – ich war damals gerade drei Jahre jung und wuchs dann in einem Waisenheim auf –, die ich deswegen nie bewusst kennenlernen konnte.

Nachdem wir uns alle etwas beruhigt hatten, erzählte mir Mutter von der jenseitigen Mischpoche. Sie berichtete von meinen Großmüttern (Großmutter Jentl, die Mutter meines Vaters, „lebte" sogar im „Deluxe-Paradies") und Großvätern, die unglücklicherweise noch rund 900 Jahre in der Hölle absitzen müssen, außerdem von diversen Tanten und Onkeln, die sich alle freuen, bald meine Bekanntschaft zu machen. Sie versicherte mir auch, dass ich trotz meines greisenhaften Aussehens immer noch ihr geliebtes Kind sei und sie all ihre Beziehungen einsetzen wolle, um mein schockierendes Gesamtbild verbessern zu lassen. Sodann erzählte mir Vater in einem vorwurfsvollen Ton, wie sehr er sich für meinen beruflichen Werdegang auf Erden schämen müsse und dass ihnen sämtliche Verwandten und Nachbarn seit Jahren Vorhaltungen wegen meines Abfalls von der einzig wahren Lehre machten. Es sei daher hoch an der Zeit, meinten beide, öffentlich die „reformistische Irrlehre" zu widerrufen und

Buße zu tun. Nach einer Stunde voller Zärtlichkeiten, Erzählungen und Ermahnungen ging uns langsam der Gesprächsstoff aus, und auf meinen Versuch, ihnen ein Lied unter Harfenbegleitung vorzusingen, behaupteten beide plötzlich, eine wichtige Verabredung zu haben und verabschiedeten sich hastig mit dem Versprechen, mich bald wieder aufzusuchen.

24.5.2010

Auszug aus der (frisch abonnierten) himmlischen *Keschet Zeitung*, Rubrik: „Neuzugänge im Paradies/Gesellschaftsnachrichten"

Willkommen Rabbiner A. Karlitz (Jerusalem). Aufnahme im „Exquisit-Paradies" aufgrund seines hervorragenden Artikels in der ultraorthodoxen Zeitschrift Diglenu, *in dem er den Zionismus als die Hauptursache aller Leiden der Juden – selbst der Schoah – bezeichnet.*

Willkommen im „Exquisit-Paradies" Märtyrer Isaak Schmulinsky (aus Mea Schearim), Mitorganisator der großen Steinwurfdemonstration gegen Offenhalten des „Beteawon"-Restaurants in der Haneviim Straße in Jerusalem am Schabbes.

25.5.2010

Gestern erhielt ich eine Botschaft von Bruria, der Sekretärin von Juda ben Jacob, in der sie mir die erfreuliche Mitteilung machte, dass ihr Chef beschlossen habe, mir – zur Belohnung für meine hervorragende Arbeit in seinem Ministerium – einen besonderen Urlaubstag zu gewähren. Sie wurde daher von ihm beauftragt, für mich einen Tagesausflug in die Hölle zu buchen. Trotz all der bekannten Hindernisse. Denn diese Tagesausflüge mit dem Höllenexpress sind außerordentlich begehrt und bekanntlich auf Jahrhunderte ausgebucht. Trotzdem konnte sie mir einen Fensterplatz für die nächste Exkursion im Höllenbus reservieren.

So begab ich mich heute Morgen zum Busterminal auf das Dach des Verwaltungsgebäudes, wo schon einige Dutzend mir unbekannte gutgelaunte Gallerten erwartungsvoll versammelt waren.

Punkt sieben Uhr schwebte ein roter Doppeldeckerbus vom Himmelsgewölbe herab, in den wir sofort einsteigen durften. Auf Anweisung unseres Fahrers und Reiseleiters – es war, wie ich freudig feststellen konnte, mein alter Bekannter Abi – nahm ich in Reihe zwei hinter dem Fahrer den mir reservierten Fensterplatz ein und schnallte mich an. Abi setzte sich auf den (rechtsseitig angeordneten) Fahrersitz, drückte mehrere grün blinkende Knöpfe, und los ging die Reise.

Ruckfrei hob der Bus ab, und schon nach wenigen Sekunden waren die Türme von Neubabel verschwunden. Bald erlosch die mir längst vertraute goldene Paradiesbeleuchtung, und tiefe Weltallfinsternis umfing den lautlos dahinschwebenden Bus.

Abi teilte uns über den Bordlautsprecher mit, dass die Reise in die höllischen Gefilde, bei dreifacher Lichtgeschwindigkeit, nur 59 Minuten dauern würde, und informierte seine Gäste über das richtige Verhalten im Umgang mit den Sündern der Hölle. Die Vorschriften lauten wie folgt:

1. Aus Sicherheitsgründen ist es unbedingt erforderlich, in der Gruppe zu verbleiben, denn Überfälle

auf Touristen seien in letzter Zeit immer wieder vorgekommen. Täter seien verzweifelte Höllen- insassen, die es auf mitgebrachte Speisen abgese- hen hätten, einige versuchten sogar, Touristen zu entführen, um dann an ihrer Stelle in das Paradies illegal einzudringen.

2. Es ist strengstens untersagt, Gespräche mit den höllischen Eingeborenen zu führen.

3. Verboten ist auch der Erwerb subversiver Höl- lenliteratur, wie beispielsweise sämtliche Bücher eines gewissen Theodor Much.

4. Die Besucher der Hölle werden gebeten, bei jeder sich bietenden Gelegenheit die höllischen Sünder zu demütigen und zu verhöhnen, um so ihren Bei- trag zu deren Strafverschärfung zu leisten.

Dann erwähnte Abi den „höllischen Strafkatalog", ein notwendiges Instrumentarium zur Klassifizierung und Behandlung der Delinquenten:

In Abhängigkeit vom Schweregrad ihrer irdischen Untaten werden die Sünder in drei Kategorien einge- teilt: Zur Gruppe I zählen die höllischen Behörden ein- fache Kriminelle (Diebe, Räuber und Ehebrecher) und viele zum Teil weltbekannte, ja angesehene Übeltäter aus verschiedenen Zeitperioden, die trotz unbestreitba- rer irdischer Verdienste wegen scheinbar geringfügiger Delikte in die Hölle gesteckt wurden (hier nannte Abi zwei Beispiele: den Patriarchen Jacob, der wegen sei- nes Betrugs an Vater Isaak und Bruder Esau auf Zeit in die Hölle versetzt wurde, und König David, der ja bekanntlich Batseba zum Ehebruch zwang und ihren Mann – Urija – in den sicheren Tod schickte). Übeltä- ter der Gruppe I werden nach klassischen Verfahren in der Hölle bearbeitet, um dann – nach Ablauf von genau einhundert Jahren – amnestiert und in das Paradies ausgewiesen zu werden.

Angehörige der Gruppe II – zu ihnen gehören falsche Messiasanwärter, grausame Eroberer und Könige, führende Mitglieder von Reformgemeinden und Gotteslästerer – erhalten die gleiche Behandlung, sie müssen allerdings eintausend Jahre in der Hölle schmoren, worauf sie im Einzelfall ebenfalls in das Standard-Paradies entlassen werden. Zur Gruppe III, der unverbesserlichen Schwerverbrecher, ohne jede Hoffnung auf Läuterung und Entlassung, gehören eine Reihe von Berühmtheiten (einen Teil von ihnen, versprach Abi, sollten wir bald zu Gesicht bekommen), sämtliche Homosexuellen und Lesben und die verabscheuungswürdigen Gründer der religiös-liberalen Gemeinden der Welt. Für sie, versicherte der „Gute Hirte", hat sich die Höllenbürokratie ganz besonders geistreiche Strafen ausgedacht. Erwähnenswert ist auch Abis Bemerkung, dass – strafverschärfend – Angehörige sämtlicher Konfessionen bunt gemischt in der Hölle zusammen hausen müssten, eine religiöse Separierung, die in den diversen Paradiesen glücklicherweise selbstverständlich ist, fände hier nicht statt. Auf meine Frage, was denn mit den schlimmsten Verbrechern der Menschheitsgeschichte – wie etwa Hitler und Stalin – geschähe, antwortete Abi, dass – seiner Kenntnis nach – diese Unpersonen als Ratten auf der Erde wiedergeboren würden und nach ihrem erneuten Ableben für alle Zeiten in der Rattenhölle verbleiben müssten.

Es war ein kurzer und bequemer Flug, ohne besondere Vorkommnisse, und schon nach rund dreißig

Minuten konnten wir, aus noch großer Entfernung, den höllischen Feuerschein erkennen.

Knapp vor der Landung überflogen wir in nur geringer Höhe gewaltige Lavaströme, haushohe Stacheldrahtzäune und riesige beleuchtete Wachtürme. Das Wachpersonal konnten wir aus dieser Distanz nicht erkennen. Über den Buslautsprecher übertrug Abi, zur Belustigung der Touristen, die grauenhaften Schmerzensschreie der gepeinigten Seelen, und ein alles dominierender, bestialischer Jauchegestank erfüllte bald das Fahrzeug.

Nach genau 59 Minuten landeten wir sanft inmitten eines kleinen, von einem Stacheldrahtzaun umgebenen Parks, auf einer von Orchideen und Kakteen übersäten Wiese. Diese einzige Grünfläche der Hölle wird – das erfuhr ich später – vom Wachpersonal regelmäßig frequentiert, um im zentral angelegten Teich erfrischende Bäder zu nehmen. Schon Sekunden nach erfolgter Landung betrat ein grauenvoll anzusehender Teufel in Begleitung eines riesigen zweiköpfigen schwarzen Hundes den Reisebus. Zunächst registrierte das Monster peinlichst genau die Reisenden, dann beschnüffelte sein geifernder Begleiter – wohl auf der Suche nach mitgebrachten Lebensmitteln – jeden der Passagiere. Nach Beendigung der langwierigen, doch letztlich erfolglosen Prozedur entnahm der Teufel aus seinem Rucksack einen Automatikstempel, mit dem er auf die Stirn eines jeden Touristen die Worte „Kascher la-Gehenom" (koscher für die Hölle) stempelte. Erst jetzt durften wir den heißen Boden der Hölle betreten.

Auf Anweisung unseres guten Hirten Abi stellten wir uns abmarschbereit in Zweierreihen auf, um sodann in bester Stimmung den Rundgang durch die

Hölle anzutreten. Der erste Eindruck von der Hölle war einfach überwältigend und entsprach genau den landesüblichen Überlieferungen und den Beschreibungen linientreuer Theologen: Rund um uns loderten gigantische Scheiterhaufen, die Luft war stickig, und ein alles dominierender Schwefel- und Jauchegeruch erschwerte die Atmung. Selbst das Schweben über den rötlich glühenden, gepflasterten Gehwegen war nur unter großer Anstrengung möglich. Auf beiden Seiten des Weges schürten schwarz gekleidete Teufel vorwiegend mit Kohle, manchmal auch mit Petroleum oder Baumstämmen, die lodernden Flammen, in denen schemenhaft die kreischenden Opfer erkennbar waren.

Zwischen den Scheiterhaufen sahen wir tiefe Gruben, in denen tausende und abertausende Hölleninsassen – aus Platzmangel übereinandergeschichtet – oft jahrelang auf ihre Peiniger warten müssen. Denn den Milliarden Sündern stehen nur einige tausend Scheiterhaufen und Wannen, gefüllt mit frischer Lava, zur Verfügung. Einige der besonders schweren Fälle werden auch regelmäßig in Gruben voller Schlangen, Spinnen und Skorpione gesteckt, andere stundenlang von muskulösen Hilfsteufeln ausgepeitscht.

Ich erblickte auch mehrere Zahnärzte – einen von ihnen erkannte ich sofort, es war Dr. Goldberg, mein vor drei Jahren verstorbener Zahnarzt –, die im Schweiße ihres Angesichtes auf Zahnarztstühlen angegurteten Klienten sämtliche Zähne – natürlich ohne Lokalanästhesie – zogen, um sie anschließend, in enger Zusammenarbeit mit plastischen Chirurgen, den kreischenden Opfern wieder einzupflanzen. Erwähnenswert sind auch die hohen steilen Hügel, auf die bedauernswerte Seelen – mit letzter Kraft und zur Gaudi der Wachmannschaften – tonnenschwere, runde Steine – die natürlich immer wieder außer Kontrolle gerieten und den Hang herabrollten – bergauf schieben müssen.

Der erste Rundgang durch diesen Abschnitt der Hölle dauerte rund drei Stunden, dann gönnte uns Abi eine Pause im angenehm temperierten Wachgebäude an der Grenze zum schrecklichsten Bezirk der Hölle, dem Ort, wo die hoffnungslosen Fälle einer Spezialbehandlung unterzogen werden. Vom anstrengenden Rundgang erschöpft und vom Wahrgenommenen tief bewegt, erholten wir uns, umgeben von Teufeln aller Größe und ihren schauerlich jaulenden zweiköpfigen Hunden, im hiesigen Wachgebäude. Zur Stärkung verteilte Abi in der Höllenküche hergestellte Lunchpakete. Wir delektierten uns an Manna mit Chili-Curry-Geschmack und Feuerwasser – eine Spezialität des Küchenchefs – in unbeschränkter Menge.

Während wir aßen und tranken, bereitete uns Abi geistig auf den kommenden Rundgang durch die „Allee der Verachteten" vor. In dieser Allee werden, einmal wöchentlich, die schlimmsten Sünder der Menschheit in Holzkäfige eingesperrt und den Tagestouristen zur Schau gestellt. Von den Touristen wird klarerweise erwartet, dass sie ihren Gefühlen freien Lauf lassen und deutliche Zeichen der Abscheu und Verachtung für die Käfiginsassen kundtun. Zu guter Letzt werden – zur Belustigung der Besucher – die zur Schau gestellten Häretiker gezwungen, ihre einst veröffentlichten Schriften und Bücher, mit eigenen Händen, in die Flammen zu werfen.

Erfrischt und gut gelaunt spazierten wir nach Abis Ansprache, in Begleitung des Wachpersonals, über eine goldene Hängebrücke, die einen breiten und brüllenden

Lavastrom überspannt, zur „Allee der Verachteten". Die schmale, einhundert Meter lange Allee ist von freischwebenden engen Holzkäfigen umsäumt, in denen jeweils gerade eine Person, annähernd bewegungsunfähig, eingeschlossen steht. Es sind durchwegs ungepflegt wirkende, nackte Gallerte mit langer, bis zur Bodenplatte des schmutzigen Käfigs reichender Kopfbehaarung, ein Umstand, der es fast unmöglich macht, zwischen Männern und Frauen zu unterscheiden.

Die meisten der Eingesperrten starren stumm und mit leerem Blicken auf die Besucher, einige wenige versuchen gelegentlich und mit kaum verständlichen Lauten, mit den Tagestouristen zu kommunizieren. An jedem der nummerierten Käfige – diese Woche sind es fünfzehn an der Zahl – sind Hinweisschilder angebracht, an denen die Besucher sowohl den Namen als auch die Untaten der zur Schau gestellten Sünder ablesen können. Die Touristen schritten von Käfig zu Käfig und betrachteten, voller Abscheu, die verkommen wirkenden Gestalten. Ausgestellt sind durchwegs weltbekannte Persönlichkeiten, deren Bekanntschaft ich unter anderen Umständen liebend gern gemacht hätte.

Vor jedem der Käfige verlas Abi laut und deutlich Namen und Schandtaten der eingesperrten Unholde, worauf die meisten Touristen schlimme Verwünschungen ausstießen und die Übeltäter mit vom Wachpersonal bereitgestellten faulen Tomaten und rohen Eiern bewarfen. Einige Gallerten verschluckten, möglichst unauffällig, einen Teil der offensichtlich verdorbenen „Delikatessen", durchwegs Speisen, die im „Standard-Paradies" nicht zu bekommen sind.

Angewidert vom wilden Treiben hielt ich mich etwas abseits von der Truppe. Ein würdig aussehender älterer

Herr mit langem, weißem Bart und gütigen strahlend blauen Augen gesellte sich zu mir und beobachtete sichtlich entsetzt das Geschehen. Wir kamen ins Gespräch, und ich erfuhr, dass er im Jänner 1492 (im Jahr der Vertreibung der Juden aus Spanien) in Toledo insgeheim zum Judentum konvertiert war. Damals lebte er als Pater Danielo in einem Kloster, wo er reichlich Gelegenheit fand, die Untaten der heiligen Inquisition aus nächster Nähe zu beobachten. Bei seinem Versuch, Spanien in Richtung Portugal zu verlassen, wurde er erkannt und wegen seines schweren „Verbrechens" – des Übertritts zum Judentum – zum Tode verurteilt und auf dem Scheiterhaufen verbrannt.

Als Abi bemerkte, dass wir beide nicht bereit waren, die Käfiginsassen zu demütigen, sah er uns missbilligend an und drohte, dieses ungebührliche und ungewöhnliche Verhalten seinen Vorgesetzten zu melden, was für uns „Undankbare" mit Sicherheit sehr bald unerfreuliche Konsequenzen zeitigen würde (ich fürchte, er meinte es ernst).

Nun will ich die Namen und die aufgelisteten „Verbrechen" der Ausstellungssubjekte in alphabetischer Reihenfolge aufzuzählen:

Leo Baeck: Einst weltbekannter Reformrabbiner, Hauptverantwortlicher für die Ausbreitung dieser Irrlehre in Deutschland bis zur Machtergreifung der Nationalsozialisten. Mit seinem üblen Werk *Das Wesen des Judentums* verfälschte er die einzig wahre Lehre.

Martin Buber: Verurteilt wegen seiner Schrift *Ich und Du*, in der er gegen die Erstarrung der Religion hetzt.

Sein Aufruf zur Verständigung der Israelis mit den Arabern muss als strafverschärfend angesehen werden.

Giordano Bruno: Ein schlimmer Vertreter der pantheistischen Gedanken der Antike, nach denen Gott, das unpersönliche Prinzip, identisch mit der Natur sei. Er unterstützte auch die üblen Vorstellungen eines Nikolaus Kopernikus, der behauptete, dass sich die Erde um die Sonne dreht. Dieser Häretiker wurde durch die heilige Inquisition zurecht verurteilt und in Rom auf dem Scheiterhaufen verbrannt.

Charles Darwin: Ein völlig verdorbenes und gewissenloses Subjekt. Hetzer gegen die biblische Schöpfungsgeschichte (wonach alle Menschen auf ein einziges Elternpaar zurückzuführen seien und die Erde in sechs Tagen erschaffen wurde). In seinem verwerflichen Werk *Die Entstehung der Arten* behauptet der Verbrecher, dass die Evolutionsvorgänge in der Natur Jahrtausende benötigten, und Mensch und Affe in grauer Vorzeit einen gemeinsamen Vorfahren hatten. Sein Wort von der natürlichen Zuchtwahl muss als üble Blasphemie verurteilt werden.

Paul Ehrlich: Mediziner und Biologe. In der Hölle wegen der Erfindung des Salvarsan, mit dem sexuelle Sünder von ihrer gerechten Strafe – Syphilis – kuriert wurden.

Sigmund Freud: Begründer der verruchten Psychoanalyse. Ein Feind der Religion und Anhänger des Pharaos Echnaton. Durch seine Überbewertung der Sexualität ein Verderber der Menschheit.

Galileo Galilei: Ein Verführer der Menschheit und Verleumder bewährter Weisheiten. Sein überliefertes Wort

– „und sie bewegt sich doch" – ist ein Paradebeispiel für das Verhalten verstockter, uneinsichtiger Sünder.

Johannes Gutenberg: Als Erfinder des Buchdrucks Hauptverantwortlicher für die explosionsartige Verbreitung von Hetzschriften gegen Gesetz und Ordnung. Seine dümmliche Ausrede, dass er die Folge seines Treibens nicht vorhersehen konnte, wird nicht als Entschuldigung angesehen, denn Unwissenheit schützt nicht vor dem Gesetz.

Theodor Herzl: Gilt als Begründer des Zionismus. Er verwirrte die Herzen und Gedanken unzähliger Juden, die sodann, anstatt geduldig auf das Kommen des Messias zu warten, nach Palästina einwanderten, einen säkularen Staat gründeten und so den heiligen Boden entweihten.

Israel Jacobson: Mit der Gründung der Jacobson-Schule in Seesen (Westphalen) verdarb der Bösewicht jugendliche Juden, die dort – anstatt sich in Talmud-Thora fortzubilden – plötzlich moderne Fächer wie Mathematik, Geschichte und Philosophie lernen mussten. Außerdem bezweifelte der selbsternannte Rabbiner, dass Moses der alleinige Autor der Thora war.

Regina Jonas: Ihr Vergehen ist besonders abscheulich. Mit ihrer Ordination zur Rabbinerin verstieß sie gegen alle guten Sitten vergangener Zeiten und beleidigte sämtliche wahren Gläubige.

Josua Leibowitz: Als angeblich orthodoxer Jude hetzte der Übeltäter gegen die Herrschaft der Religion im Heiligen Land, wobei er die Theokratie als Gefahr für die Demokratie bezeichnete. Unverzeihlich seine Forderung nach Trennung von Staat und Religion und seine

Stellungnahme gegen das Zweckbündnis von Orthodoxie und säkularem Zionismus. Straferschwerend auch sein Eintreten gegen die Besetzung und Besiedelung von rein arabischen Gebieten in Judäa und Samaria.

Golda Meir: Zionistin und erste Ministerpräsidentin Israels. Mit der Übernahme dieser Position verstieß die Unglückliche gegen bewährte Traditionen, denen zufolge Frauen nur im eigenen Haus „die Hosen anhaben dürfen".

Baruch Spinoza: Eines der verachtenswertesten Individuen der Menschheitsgeschichte. Seine pantheistischen Ideen in Verbindung mit einem Plädoyer für Gewissensfreiheit und Trennung von Staat und Religion und sein Einsatz für historisch-kritische Methoden zur Analyse (und somit Diffamierung) der heiligen Schriften bezeugen die unglaubliche Verderbtheit seines Charakters. Spinozas Hauptwerk *Tractatus theologico-politicus* muss immer und überall der Vernichtung zugeführt werden.

Mark Twain: Gefährlicher atheistischer Autor verschiedener blasphemischer Werke. Traurige Höhepunkte seines Wirkens sind die moralisch verkommenen Erzählungen *Papers of the Adams Family*, *Good Little Boy*, *Bad Little Boy* und – allen voran – *Letters from the Earth* (ein Machwerk, das seine braven Erben der Öffentlichkeit lange erfolgreich vorenthielten).

Dann folgte ein weiterer Höhepunkt des Tages, die lustige Schriftenverbrennung. Zu diesem Zweck wurden die Käfiginsassen von kräftigen Hilfsteufeln ins Freie geprügelt und unter dem Gejohle der Touristen gezwungen, die eigenen, von der Erde importierten Werke in die haushohen Flammen zu werfen. Die Mehrzahl der Unglücklichen gehorchte anstandslos, nur Galilei, Spinoza und Twain weigerten sich zunächst, die Befehle auszuführen, doch nach einigen heftigen Peitschenhieben und Fußtritten fügten auch sie sich ihrem Schicksal.

Als alle Bücher und Schriften zu Asche verbrannt waren, wurden die Verachteten von einem ranghohen Teufel zusammengetrieben, in einem riesigen Rucksack fest verschnürt und abtransportiert.

Abi bat uns nun, den Rückweg anzutreten, und dankte den Touristen für ihren so wichtigen Beitrag zur Demütigung der ausgestellten Kriminellen. Vom Gesehenen tief beeindruckt und fröhlich schwatzend verließ die Besuchergruppe die „Allee der Verachteten" und schwebte in Richtung des wartenden Flugbusses. Auf dem Rückweg unterhielt ich mich kurz mit Abi, der mir stolz erzählte, dass bei der nächsten Zurschaustellung weitere hochinteressante Sünder zu sehen sein würden, so unter anderem: der Philosoph François-Marie Arouet de Voltaire (Aufklärer, skeptischer Humanist und Kritiker der Kirche), Francis Bacon (Begründer der modernen Wissenschaft; von ihm stammt der gefährliche Satz: „Wissen ist Macht"), René Descartes (Begründer des Rationalismus; sein Leitsatz lautete: „Cogito, ergo sum"), Christoph Scheiner (Jesuit, der das helio- und geozentrische Weltbild vertrat und Religion und Wissenschaft in Einklang bringen wollte), der Schriftsteller Gotthold Ephraim Lessing (wegen seiner übertriebenen Vorstellungen von Toleranz und Humanität), Mustafa Kemal (Atatürks Verbrechen bestand darin, die Türkei in einen säkularen Staat verwandelt zu hab; auch das von ihm erlassene Verbot für Frauen,

Kopftuch und Schleier zu tragen, wirkt strafverschärfend), Rabbiner Zacharias Frankel (Begründer des im Himmel verpönten konservativen Judentums), Martin Luther King (Friedensaktivist und Kämpfer gegen die so bewährte Rassentrennung in den USA) und Bertha von Suttner (eine Pazifistin der übelsten Sorte und Autorin des Romans *Die Waffen nieder*).

Der einstündige Rückmarsch zum Bus verlief ereignislos, und bedingt durch die zunehmend hohen Tagestemperaturen infolge Überhitzung der Höllenöfen und die stark schwefelhaltige Atemluft wurde jeder Atemzug langsam zur Qual. Erschöpft, verschwitzt und mit angesengten Haaren erreichten wir schließlich den Buslandeplatz. Vor dem abflugbereiten Fahrzeug erwartete uns die berühmte höllische Musikkapelle *The Lost Generation*, bestehend aus einhundert Musikern, unter ihnen Berühmtheiten wie Franz Schubert, Wolfgang Amadeus Mozart, Gustav Mahler, Freddy Mercury, John Lennon und Herbert von Karajan. Auf ein Zeichen des derzeitigen künstlerischen Leiters der Band – Jacques Offenbach – spielte das Ensemble zuerst die Ouvertüre zu *Orpheus in der Unterwelt*. Dann folgte der absolute Höhepunkt des Tages, der Auftritt des „King" – Elvis Presley. Elvis, der mit Rücksicht auf seine 250 Kilogramm Totgewicht mit einem Kran auf ein Podest gehievt werden musste, sang drei seiner wundervollen Schlager. Zuerst *I Believe In The Man In The Sky*, danach *Until It's Time For You To Go* und zum Abschluss *In The Ghetto*. Wegen der zunehmend unerträglichen Temperatur musste Elvis seine Show frühzeitig abbrechen, und Frank Sinatra, der ebenfalls singen sollte, weigerte sich standhaft, die Bühne zu betreten, was zur Folge hatte, dass alle Musiker ihre Instrumente fallen ließen und fluchtartig verschwanden, womit die wunderbare Show beendet war.

Bevor wir den Bus besteigen durften, mussten alle Touristen die höllischen Zoll- und Passformalitäten über sich ergehen lassen, eine unangenehme, zeitraubende Prozedur, vor allem wegen der peinlich genauen Inspektion sämtlicher Körperöffnungen auf Schmuggelware durch furchterregende, extrem hässliche Hilfsteufel. Erst nachdem die Hilfsteufel nichts Verdächtiges entdecken konnten, durften die erschöpften Reisenden den Flugbus besteigen, der kurz darauf in Richtung Paradies abhob und nach nur 59 Minuten sicher im Busterminal des „Standard-Paradieses" landete.

30.5.2010

Auszug aus der himmlischen Keschet Zeitung, Rubrik: „Wohltat des Tages":

Tapfere ultraorthodoxe Aktivisten der prächtigen Keuschheitsgruppe zerstörten gestern die Behausung eines 78-jährigen, im Rollstuhl sitzenden Invaliden, der es wagte, in Mea Schearim (Jerusalem) das Staatsfernsehen zu schauen. Sie schlugen ihn, brachen ihm beide Hände und zerstörten obendrein seine Teufelswerkzeuge, einen Fernseher und ein Videogerät.

31.5.2010

Heute will ich wieder meinen Bericht fortsetzen. In den vergangenen Tagen war ich viel zu deprimiert, um zu schreiben oder das vor vier Tagen im ganzen Paradies begeistert gefeierte Schawuotfest – ein Doppelfest, das sowohl zur Erinnerung an den Empfang der zehn Gebote am Sinai als auch an die schöne Sitte der Darbringung von Erstlingsfrüchten durch die Landbevölkerung, die nach Jerusalem pilgerte, begangen wird – freudig mitzufeiern. Deprimiert war ich sowohl wegen meiner beruflichen Degradierung als auch, weil mich die schockierenden Erlebnisse in der Hölle nicht mehr losließen. Ich bin mir nicht mehr sicher, was ich vor der Eintagesreise für Vorstellungen von der Hölle hatte, doch ist mir nun klar geworden, dass die Beurteilungs- und Bestrafungskriterien der himmlischen und höllischen Behörden mit meinen Überzeugungen nicht in Einklang gebracht werden können. Persönlichkeiten wie Galileo Galilei, Sigmund Freud, oder Martin Buber hätte ich eigentlich im Paradies erwartet, doch mit Sicherheit nicht in schäbigen Käfigen als gedemütigte Schausubjekte.

Gleich am Morgen nach der Rückkehr von der Höllenexkursion erlebte ich beim Eintreffen in Neubabel eine böse Überraschung. Anstatt mich zu einer Büroarbeit abzukommandieren, erklärte mir Pnina, die kühle Empfangsdame am Informationsschalter von Turm 1, spöttisch, dass ich – aus ihr noch unbekannten Gründen – beruflich degradiert worden sei. Ab sofort sei ich dem paradiesischen Putzdienst zugeteilt, und meine erste Aufgabe heute bestünde darin, das Büro des Chefs, in der freischwebenden goldenen Kugel über dem Dach von Neubabel, gründlich zu reinigen. Sie überreichte mir auch gleich alle schon bereitgestellten Putzutensilien und wünschte mir noch einen „schönen Tag". So begab ich mich, mit Eimer, Besen und Putzmitteln ausgestattet, auf das Dach und weiter über eine von der Eingangsluke herabhängende zehn Meter lange Strickleiter in das Innere der riesigen Kugel. Das Chefbüro, ein durch herabgelassene Jalousien verdunkelter Raum, schien unbewohnt zu sein. Auf dem ungepflegten Boden lagen Dutzende teils zerbrochene Schnaps- und Whisky-Flaschen, zerschlissene Papyrusrollen und zerbrochene Steintafeln. Inmitten des Chaos entdeckte ich einen offenbar intakten Tachyonenbeschleuniger, auf dessen Rollband im Minutentakt Steintafeln mit Nachrichten aus allen Welten eintrudelten.

Als sich mein Sehvermögen langsam auf die schwierigen Lichtverhältnisse eingestellt hatte, bemerkte ich eine am Boden liegende riesige Gestalt, einen rund siebzehn Meter großen Engel, dessen Gesicht von meterlang herabhängenden und wirren weißen Kopfhaaren bedeckt und daher nicht erkennbar war. Ein am rechten Flügel befestigtes Namensschild verriet mir allerdings, dass ich hier auf Erzengel Michael traf, der laut schnarchend einen gewaltigen Rausch ausschlief. Seine Hände umkrampften eine durch Speisereste verschmutzte gewaltige Steintafel. Mühsam entriss ich die Tafel seinen Fingern und versuchte die darin enthaltene Botschaft zu entziffern, doch wegen der Schmutzkruste und der im Raum herrschenden Dunkelheit war meine Mühe vergebens. Kurz entschlossen lüftete ich die herabgelassenen, von Goldstaub bedeckten Jalousien, und sogleich wurde der gesamte Raum vom wunderbaren Paradieslicht durchflutet.

Erzengel Michael ließ sich durch die geänderten Lichtverhältnisse nicht irritieren und schnarchte laut weiter. Mit Seife und Waschlappen reinigte ich die Steintafel und war nun endlich in der Lage, die geheimnisvolle Botschaft zu entziffern. Ungläubig und mit wild klopfendem Herzen las ich die folgenden knappen Worte, die den guten Erzengel Michael offensichtlich zur Flasche hatten greifen lassen: „Ich, Elihoref ben Schischa, erster Schreiber der höchsten himmlischen Autorität, wurde beauftragt, Dir, Erzengel Michael, eine dringende Chefanordnung zu übermitteln. Diese lautet wie folgt: „Die hoffnungslos verdorbenen und nutzlosen Bewohner des Planeten Erde (dritter Planet des unbedeutenden Sonnensystems Nummer zehn hoch einundneunzig) sind samt und sonders auszurotten. Da ich, der Herr aller Welten, mich in den kommenden zehntausend Jahren auf einer dringenden Dienstreise befinden werde, wirst Du, Michael, an meiner statt, alle notwendigen Vorkehrungen treffen, um den Kometen Halley aus seiner Bahn in Richtung Kollisionskurs mit der Erde zu steuern. Das Datum des tödlichen Einschlags habe ich mit dem 31.12.2050 festgesetzt: Auf ein gutes Gelingen." Unter der Anweisung konnte ich eine Unterschrift erkennen, die aber für mich leider vollkommen unleserlich war.

Minutenlang starrte ich fassungslos auf die monströse Botschaft der Steintafel, bis mir ein – möglicherweise – rettender Gedanke kam. Kurz entschlossen entnahm ich dem Werkzeugkasten des Förderbandes Hammer und Meißel und fügte dem Jahr 2050 eine Null hinzu, wodurch das Datum der Katastrophe um mehr als 18.000 Jahre in die ferne Zukunft verlegt wurde. Dann legte ich die so gefälschte Nachricht auf den Bauch des noch immer laut schnarchenden Erzengels zurück und begann mit dem mühsamen Aufräumen des Chefbüros.

Während einer kurzen Mittagspause – ich verzehrte gerade meine Manna-Ration mit Hühnerlebergeschmack – lernte ich einen weiteren Arbeiter der Putzbrigade kennen.

Die rundliche Gallerte, mit gemütlichem Vollmond-
gesicht und winzigem Spitzbart, entpuppte sich als ein
ehemaliger rabbinischer Kollege aus einer bekannten
mitteleuropäischen Stadt, ein Mann, der sich während
seiner langjährigen Tätigkeit als orthodoxer Gemein-
derabbiner den „üblen Ruf" eines „Moderaten" erwor-
ben hatte und deswegen von vielen Mitgliedern seiner
Gemeinde nicht ernst genommen wurde.

Rabbiner Erzberg – so sein mir vom Hörensagen
geläufiger Name – agierte in der Tat nicht immer im
Sinne des Gesetzes. Aus Güte, Mitgefühl und Nächstenliebe (manche unterstellten ihm finanzielle Motive)
war er immer wieder bereit gewesen, Menschen – besonders nichtjüdischen Ehepartnern von Juden –, den
oft dornigen Weg zum Judentum zu erleichtern. Deswegen gestaltete er die langwierige Konversionsproze-
dur einfacher und menschlicher als die meisten seiner
Berufskollegen.

Aus einleuchtenden Gründen konnte ein derart
missratener orthodoxer Rabbiner bestenfalls im „Standard-Paradies" landen, und selbst hier eckte er mit nicht
immer politisch korrekten Sprüchen bei Nachbarn und
Behörden an, weswegen der Unglückliche – genauso
wie ich – der himmlischen Putzbrigade zugeteilt worden war. Rasch stellte sich heraus, dass auch er schon
von mir gehört hatte, und so kamen wir bald ins Gespräch. Dabei stellten wir sowohl massive Meinungs-
unterschiede als auch viel Gemeinsames in religiösen
Fragen fest. Er als orthodoxer Jude glaubt fest daran,
dass die gesamte schriftliche und mündliche Thora
(Pentateuch und mündlich überlieferte Interpretation
der Gesetze, die später im Talmud niedergeschrieben
wurde) Moses am Berg Sinai von Gott komplett über-

geben wurde und dass in Folge dessen religiöse Gesetze nicht „nach Belieben" oder „aus Bequemlichkeit"
ignoriert oder abgeändert werden können. Wie die
überwiegende Mehrheit orthodoxer Juden, kann sich
auch Rabbiner Erzberg eine völlige Gleichstellung
der Frau in der Synagoge oder im jüdischen Alltag –
dazu zählt auch das Ehe- und Scheidungsrecht – und
den Gebrauch von Musikinstrumenten in der Synagoge
während des Gottesdienstes nicht vorstellen. Anders
aber als fundamentalistisch denkende Zeitgenossen
sieht Rabbiner Erzberg die Notwendigkeit, Härten –
die auf das traditionelle Gesetz zurückzuführen sind –
durch Neuinterpretation im Rahmen der Halacha ab-
zumildern. Im Übrigen bejaht Rabbiner Erzberg den,
für den Fortbestand des Judentums wichtigen, religiösen Pluralismus und wünscht den Dialog unter den
verschiedenen Strömungen und das Ende der vielen
Bruderzwistigkeiten. Mit anderen Worten: Erzberg ist
ein orthodoxer Pragmatiker mit Herz und Verstand, der
mich als liberalen Rabbiner genauso akzeptieren und
achten kann, wie umgekehrt auch ich ihn. Deswegen
fiel es uns nicht schwer übereinzustimmen, dass die Zustände im Paradies nicht unbedingt als „paradiesisch"
bezeichnet werden könnten und gewisse Änderungen
hier dringend notwendig wären. Aus Zeitmangel – die
Mittagspause war zu Ende – konnten wir nicht weiter
in Details gehen, doch kamen wir überein, so bald wie
möglich unser Gespräch fortzusetzen und vorsichtig
nach Gleichgesinnten Ausschau zu halten.

Den Rest des Tages war ich damit beschäftigt, leere
und halbleere Whiskyflaschen, Glasscherben, zerbrochene Steintafeln und Goldstaub aus dem verwahrlos-
ten Chefbüro zu entfernen. Glücklicherweise musste

ich keine stinkenden Latrinen putzen, einfach deswegen – ich glaube, dass ich diese Tatsache noch nicht
erwähnt habe –, weil Paradiesbewohner keine Exkre-
mente produzieren.

1.6.2010

Auszug aus der himmlischen *Keschet Zeitung*, Rubrik:
„Mezzies"

*Heute werden paradiesweit im Auftrag des edlen Spen-
ders Rabbi Baba kostbare Kamees (Schmucksteine/
Amulette) von Hilfsengeln verteilt. In jedem Teil der
Kamee sind erhabene Geheimnisse enthalten, die bis
zu diesem Tag nie aufgedeckt wurden. Den glücklichen
Besitzern bringen die Amulette Gesundheit, Glück und
ein gutes Einkommen, sie schützen auch vor bösen
Geistern. Die neuen Eigentümer der Kamees werden
aufgerufen – sollten jemals Wahlen im Paradies stattfinden – für den großzügigen Spender ihre Stimme auf
der Liste Agudat-Israel-Degel-Hatora abzugeben.*

2.6.2010

Sportliche Aktivitäten werden von den himmlischen
Behörden nicht besonders gerne gesehen, sicherlich
deswegen, weil sie von den wichtigsten paradiesischen
Hauptbetätigungen – Beten, Thorastudium für Fortge-
schrittene, Hilfsdienste in Neubabel und Chorsingen –
ablenken.

Auch am Schabbat sind, laut Anweisung des „Ministerium für innere jüdisch-paradiesische Angelegenheiten" / Unterabteilung: „Religion und Exorzismus",
Spiel und Sport, mit dem Hinweis auf die strengen Ru-

hebestimmungen, untersagt. Mir ist auch zu Ohren gekommen, dass zwei ehemals begeisterte Golfer, die mit einer von der Erde in das Paradies eingeschmuggelten Golfausrüstung ausgerechnet am Schabbat ihrem Lieblingssport frönten, schnurstracks in die Hölle verfrachtet worden sind.

Doch ganz ohne Sport geht es auch nicht im Paradies. Einmal jährlich findet im Stadion von Camp Ellis die Dreikampf-Makkabiade statt, ein für jüdische männliche Gallerten offener Wettbewerb, bestehend aus Heiligenschein-Weitwurf, Flugartistik und dem Wettkampf der Sänger (Thema: freie künstlerische Interpretation des Hohe-Liedes). Da der Hauptpreis – die Teilnahme am von Moses höchstpersönlich geleiteten Sedermahl – sehr begehrt ist, melden sich Jahr für Jahr gut eine Million Teilnehmer an.

Unter den Augen strenger, aber gerechter Richter. Heuer sind es: König Salomon, der in Begleitung seiner 10.313 Ehefrauen vom „Exquisit-Paradies" extra eingeflogen wird, und der im gesamten Paradies hochverehrte Schmuel Kohn, ein Sohn eines Diamantenhändlers aus Antwerpen, der – wäre er nicht im zarten Alter von 13 Jahren betrunken vom Balkon seines Elternhauses in den Tod gestürzt – als weltbester Schwergewichtsboxer aller Zeiten Sportgeschichte geschrieben hätte. Auch ich habe mich als Teilnehmer der Makkabiade angemeldet, selbst wenn ich mir, trotz beträchtlicher Flug- und Gesangsfortschritte, nicht allzu viele Hoffnungen auf einen Spitzenplatz machen darf. Doch dabei sein ist alles!

3.6.2010

Auszug aus der himmlischen *Keschet Zeitung*, Rubrik: „Auszeichnungen"

Wir freuen uns, unseren Lesern mitteilen zu können, dass Rabbiner Ovadia Jossef (ehemaliger Großrabbiner in Israel und geistiges Oberhaupt der heiligen Schass-Partei) das goldene himmlische Ehrenabzeichen verliehen wurde. Die große Auszeichnung erfolgte in Anerkennung seiner tiefsinnigen politischen Analysen und Aufdeckung von diversen Konspirationen jüdischer Ketzer gegen die einzig (von ihm repräsentierte) wahre Lehre.

An dieser Stelle erwähnen wir einige seiner schönsten Zitate:

1. Alle sechs Millionen Opfer der Schoah waren wiedergeborene Seelen von Sündern aus vergangenen Zeiten.

2. Jossi Sarid (Linkspolitiker und Friedensaktivist in Israel) ist Amalek (biblisches Volk und Todfeind der Israeliten) und somit vernichtungswürdig.

3. Alle Richter des obersten Gerichts in Israel sind Schufte und Feinde des Judentums.

4. Reformer und konservative Juden sind die Zerstörer des Glaubens, Entweiher des göttlichen Namens, Kriminelle, Schuldtragende der Assimilation und Gottes-Hasser, sie müssen immer und überall bekämpft werden. Verhandlungen mit ihnen sind strengstens untersagt.

4.6.2010

Gestern wurde ich von einem Botenengel unsanft wachgerüttelt. Der Bote, ein ungepflegt wirkender, kleiner, übler Bursche mit überdimensionierten rot gepunkteten Flügeln, überreichte mir eine Steintafel mit einer Eilbotschaft der himmlischen Keuschheitsgarde, sie ist der Security-Abteilung im zehnten Stockwerk von Neubabel unterstellt. Anstatt sich nach Überbringung der Botschaft respektvoll zu verabschieden, verlangte er frech ein „angemessenes" Trinkgeld und verschwand erst nach Entgegennahme einer Wodkaflasche aus den Beständen der maroden Mir-Raumstation.

Neugierig betrachtete ich die in Stein gemeißelte Nachricht, die folgendermaßen lautete: „Im Namen der himmlischen Keuschheitsgarde teile ich Ihnen – Rabbiner K. O. – mit, dass gegen Sie seitens höchstgeachteter Paradiesbürger schwere Anschuldigungen erhoben wurden. Eine Überprüfung dieser Vorwürfe seitens der Behörden bestätigte die Stichhaltigkeit der meisten Beschuldigungen. Konkret werden Ihnen folgende Untaten zur Last gelegt:

I.   Anschuldigungen von privater Seite:
a)   obwohl Ihnen bekannt ist, dass die heilige hebräische Sprache im Paradies nicht als Umgangssprache gebraucht werden darf, haben Sie mehrmals und nachweislich Paradiesbürger hebräisch angesprochen;
b)   eigenmächtige Verkürzung und Veränderung von Gebeten: Das geschah sowohl durch bewusste Unterlassung von Textwiederholungen und komplette Streichung von einzelnen Gebeten – wie das morgendliche Dankgebet „nicht als Frau

erschaffen worden zu sein" – als auch infolge von liberal inspirierten feministischen Einschüben beim 18er-Gebet (ungehörige Erwähnung der vier Erzmütter);

c) nicht gestattete Harfenbegleitung der täglichen Gebete;

d) wiederholte Störung der Nachtruhe durch unerträglich schrille, säkulare Lieder.

II. Anschuldigungen seitens der Behörden:

a) mangelhafter Eifer beim Erlernen der aramäischen Sprache;

b) unpassendes Verhalten während des Tagesausflugs in die Hölle. Konkret: Respektlosigkeit gegenüber den Anweisungen des Reiseleiters bezüglich der angeordneten Verhöhnung der in Käfigen zur Schau gestellten Verbrecher;

c) mangelhafte Pflege Ihres Heiligenscheins;

d) wiederholt nachgewiesener Umgang mit unkonventionell denkenden Gallerten.

Diese Ihre Neigung ist den Behörden nicht verborgen geblieben und erfüllt sie mit großer Sorge.

Schlussfolgerungen: Hiermit wird gegen Sie ein scharfer Verweis ausgesprochen. Sie stehen ab sofort unter Observation. Sollten unsere Bemühungen, Ihre Seele zu retten, auf wenig Gegenliebe Ihrerseits stoßen, sind wir gezwungen, für Sie sehr schmerzhafte Maßnahmen zu ergreifen. Um Ihnen den Ernst der Lage klar vor Augen zu führen, wird Ihnen ab sofort die tägliche Manna-Ration für die Dauer von sieben Tagen entzogen. Außerdem wurde Ihre Anmeldung zur diesjährigen Makkabiade storniert.

Unterzeichnet: Direktor E. Hoover (himmlische Security-Abteilung).

Die gegen mich von den Behörden vorgebrachten Anschuldigungen treffen mich wie ein Blitz aus heiterem Himmel und machen mir Angst, vielleicht auch deswegen, weil sie alle zutreffen.

Ich denke und handle nicht „politisch korrekt", meine Illusionen von einem liberalen, toleranten und gerechten Jenseits sind wie eine Seifenblase zerplatzt, ich singe zu laut, bin angeblich unmusikalisch und obendrein habe ich bis heute den mir anvertrauten Heiligenschein kein einziges Mal auf Hochglanz poliert. Ein Glück, dass bisher niemand mein Tagebuch entdeckt hat. Es schmerzt mich aber, dass ich mit keiner Gallerte über meine Ängste und Sorgen offen sprechen kann; hier darf man kaum jemandem vertrauen.

6.6.2010

Auszug aus der himmlischen *Keschet Zeitung*, Rubrik: „Neues aus der Hölle"

Spezialrichter aus Ungarn eingetroffen. Geplant sind Zwangsmästungen von unverbesserlichen Sündern. Ihre Fettleber wird ihnen nach Ablauf von zwei Wochen entnommen und in Madeira, zur späteren Rückverfütterung, eingelegt.

10.6.2010

Mein Antrag für einen Kurzaufenthalt in der Mount-Sinai-Klinik in Camp Ellis wurde bewilligt.

Ich habe ein Problem, das ich nicht verschweigen kann und vermutlich mit dem am rechten Flügelansatz eingebauten Überwachungschip zusammenhängt. Seit einer Woche quälen mich, trotz der vorgeschriebenen und auch erhaltenen Antisexspritzen, nächtliche sexuelle Fantasien, die meine Nachtruhe empfindlich stören. Offensichtlich hängen diese Albträume mit einer Dysfunktion des Chips zusammen, und ich bin froh, dass mein Ansuchen so rasch erledigt wurde.

12.6.2010

In dieser Nacht konnte ich fast ungestört schlafen. Nur ein einziges Mal wurde ich vom lauten Schnarchen eines Nachbarn geweckt; die quälenden nächtlichen Sexualphantasien sind dank eines neuen Chips vollständig verschwunden, und als ich heute Morgen die Augen öffnete, fühlte ich mich endlich wieder frisch und fit.

15.6.2010

Im gesamten Paradies herrscht große Aufregung. Der seit neun Jahren in Ausbildung stehende weiße Esel des Messias ist – wie erst jetzt bekannt wurde – seit fünf Tagen aus seinem Gehege verschwunden und trotz intensiver Suche aller frei verfügbaren Späherengel unauffindbar.

Der designierte Messias, Rebbe Menachem S. Schneerson, wurde in seinem Hauptquartier in New York über den Verlust des Esels umgehend informiert und zu einer Lagebesprechung nach Neubabel beordert. Die über das gesamte Paradies verhängte Ausgangssperre – die erste seit Bestehen des Paradieses – gibt mir Gelegenheit, mein Tagebuch zu vervollständigen und endlich den etwas ramponierten Heiligenschein auf Hochglanz zu polieren.

Endlich eine gute Nachricht. Der Esel befindet sich wieder in seinem Gehege, der Kriminalfall ist gelöst. Als Täter wurde ein der Hölle entflohener Verbrecher festgenommen; sein Name: Sabbatai Zwi, der berühmt-berüchtigte Pseudomessias, der einst die jüdische Welt in Aufruhr versetzte. Zwi – er lebte von 1626 bis 1676 – wurde von dem kabbalistischen Propheten Natan ha-Levi aus Gaza davon überzeugt, „der Messias" zu sein. Im Mai 1665 ließ er sich, mit Unterstützung mehrerer Rabbiner, öffentlich als Messias ausrufen. Aus Jerusalem verbannt, reiste er zurück nach Smyrna, wo er von seinen mittlerweile vielen Verehrern begeistert gefeiert wurde. Viele Juden in Nordafrika und Europa ließen sich von ihm täuschen und erwarteten ernsthaft die nahe Erlösung der Welt und das Ende aller Verfolgungen. Im Jahr 1666 wurde Zwi von den türkischen Behörden verhaftet und unter Todesandrohung gezwungen, zum Islam überzutreten. Mit seinem Tod – 1676 in Albanien – endete für die meisten seiner glühenden Anhänger die Hoffnung auf eine bessere Welt, doch sein Ableben bedeutete nicht das komplette Aus für die sabbatianische Bewegung.

Selbst in der Hölle hielt er an seinem Anspruch, der wahre Messias zu sein, fest und als er von den himmlischen Vorbereitung rund um den echten Messias Rebbe Schneerson erfuhr, beschloss er, aus der Hölle zu fliehen und den Esel zu rauben. Die Flucht gelang ihm mit Hilfe seines Freundes Natan ha-Levi und durch Bestechung zahlreicher Teufel, denen er versprach, sie, nach seiner Weihe zum neuen Messias, beruflich zu fördern. Den aus seinem Gehege entführten weißen Esel malte er zunächst schwarz an, um ihn dann mitten in dunkler Nacht in die Wohnwolke seines, frühzeitig begnadigten, Komplizen Samuel Primo zu bringen. Doch schon am dritten Tag seiner Entführung machte sich der hungrige Esel durch ohrenbetäubendes Schreien bemerkbar, Zwi und Primo wurden verhaftet und umgehend von Satan persönlich in die Hölle verfrachtet.

Da der arme und hochsensible Esel beim Anblick seines jetzt schwarzen Fells vor lauter Schreck einen schweren Nervenzusammenbruch erlitt, Sprache und Gedächtnis verlor, suchen nun unzählige Engel im gesamten Universum nach einem geeigneten weißen Ersatzesel, ein Umstand, der das Projekt *Messias Now* um – möglicherweise – einige Jahrhunderte zurückwerfen wird.

21.6.2010

Auszug aus der *Keschet Zeitung*, Rubrik: „Farewell

Wegen Verbreitung ketzerischer Ideen und völliger Uneinsichtigkeit, wurde der ehemalige Rabbiner A. Erzberg gestern aus dem „Standard-Paradies" ausgewiesen. Die in der Hölle – wegen Überfüllung – verfügte Aufnahmesperre für gefallene Paradiesinsassen verunmöglichte die geplante Überstellung des Sünders. Die himmlischen Behörden haben daher entschieden, ihn zwecks Wiedergeburt zur Erde zurückzuschicken.

25.6.2010

Bin psychisch am Ende. Verschärft wurde die Kri-
se sowohl durch den Besuch meiner Mutter und die
Abschiebung Erzbergs als auch durch die derzeit un-
erfreulichen Arbeitsumstände, beziehungsweise der
Mitteilung, unterschrieben von Maestro Bernstein
persönlich, dass ich vom Chorgesang aufgrund meiner
geringen musikalischen Fähigkeiten für immer befreit
sei.

Meine Mutter – sie besuchte mich dieses Mal alleine – versuchte, unter Tränen und Androhung von „Lie-
besentzug", mich zur Teschuwa (Umkehr) zu bewegen.
Sie erklärte mir, wie sehr die ganze Mischpoche wegen
all meiner Eskapaden und der daraus resultierenden
sozialen Degradierung meiner Person, sich schämen
müsse, und dass die sozialen Kontakte zu Nachbarn
und Freunden durch mein Verhalten schwer in Mitleidenschaft gezogen würden. Mutter verlangte ultimativ,
dass ich endlich mein Äußeres verjüngen möge und
öffentlich meinen – wie sie es ausdrückte – degenerierten und ketzerischen Ansichten abschwören solle.
Dann ließ sie mich noch wissen, dass sie und Vater beschlossen hätten – falls ich auf ihre Forderungen nicht
eingehe –, den gefallenen Sohn aus dem Familienclan
auszustoßen und zu enterben.

Auch die tägliche Tätigkeit als einfacher Arbeiter
der himmlischen Putzbrigade drückt auf die Psyche.
Ganz besonders das Reinigen in bestimmten paradiesischen Bezirken – ich meine jene Gebiete, wo unsere
Vorfahren aus längst vergangenen Zeiten hausen – zehrt
an meinen Kräften. Diese Gallerten aus der Bronzezeit
kennen nicht die primitivsten Regeln der Hygiene, wa-

schen sich kaum, spucken auf den Boden und räumen ihre Abfälle, die überall herumliegen, nicht selber weg. Sie verachten all diejenigen, die „niedere Arbeiten", wie Saubermachen, verrichten, und verlangen von den Arbeitern der Putzbrigade ständige Respektbezeugungen für ihre Anführer.

26.6.2010

Auszug aus der himmlischen *Keschet Zeitung*, Rubrik: „Politische Weiterbildung"

„Die Demokratie" (Autor: Meir Kahane, Gründer der „Liga zur jüdischen Selbstverteidigung" und der heiligen „Kach-Partei")

Die Demokratie ist die Fahne, unter der das assimilierte Lager zu seinem Kampf gegen das Judentum aufbricht; sie ist der absolute Wert der westlichen Kultur. Demokratie entstand aus der menschlichen Verwirrung und der menschlichen Unordnung von hunderten von Jahren, in denen die Menschheit ohne göttliche Führung war, und aufgrund der Änderungen in der Gedankenwelt des Menschen während der Renaissance und des Fortschritts. In dieser Periode beschloss man, das Recht, seine „Wahrheiten" zu bestimmen, der Masse zu überlassen. So wurde die Lüge als System bestimmt. Die demokratische Idee bestimmt als Wert, dass es „keine absoluten Werte" in der Welt gibt, und darum werden Gesetze erlassen und andere außer Kraft gesetzt. Was gestern noch richtig war, wird morgen nicht mehr notwendigerweise 'richtig' sein. Der oberste und entscheidende Wert der Demokratie ist die Ketzerei. Das ist die Grundlage des Vernichtungskrieges, den das Judentum gegen die Demokratie führen muss. Wie es keinen Frieden mit Amalek geben kann, weil er das Verdorbene und die Lüge symbolisiert, so ist das mit dem Volk Israels, so kann sich das Volk Israel nicht mit der ideologischen Grundlage der Demokratie, welche Lüge ist, versöhnen.

28.6.2010

Ein langjähriger Wunsch ist gestern endlich in Erfüllung gegangen: Ich sah den Patriarchen Jacob. Natürlich war das keine persönliche Begegnung, doch war ich einer von rund einhunderttausend Gallerten, die das Glück hatten, Eintrittskarten zu seinem öffentlichen Auftreten im Amphitheater von Neubabel zu ergattern. Wie Großvater Abraham, Vater Isaak und Moses, der größte aller Propheten, tourt auch Jacob seit seiner Entlassung aus der Hölle durch sämtliche, auch nichtjüdische, Paradiese, sowohl um sich den staunenden Massen zu zeigen als auch um aus seinem erfüllten Leben zu erzählen und einige falsche Klischees auszuräumen. Die Eintrittskarten erhielt ich von Direktor Issachar ben Jacob in seinem Büro im vierten Stock von Neubabel, den ich dafür mit einer Dose Kaviar aus den Beständen der russischen Raumstation belohnte.

Wegen des langen Anreiseweges in das Amphitheater durfte ich als glücklicher Kartenbesitzer den ganzen Nachmittag freinehmen, was mir viele böse Blicke von neidischen Arbeitskollegen bescherte. Gleich nach der Mittagspause schnallte ich meine Flügel an und begab mich in das zwei Flugstunden entfernte Theater, wo ich nach ermüdenden vier Stunden erschöpft landete.

Ein Engelordner führte mich zu meiner reservierten Sitzwolke und drückte mir zwei Tüten in die Hand: eine enthielt Manna mit Erdnussgeschmack und die zweite Flüssig-Manna, die nach Cola schmeckte.

Pünktlich mit Anbruch der paradiesischen Finsternis begann ein Engelchor unter Leitung des berühmten Dirigenten Mendelssohn-Bartholdy zu singen. Die Künstler – nur ihre bläulich fluoreszierenden Heiligenscheine waren in der Dunkelheit zu sehen – zwitscherten drei Stunden lang, begleitet von Harfen und Tamburinen, berührende Volksmelodien aus vier Jahrtausenden, darunter auch Kompositionen von Erzmutter Sara und König David. Danach betrat Laban ben Nahor, Jacobs betrügerischer Schwiegervater, die jetzt hell erleuchtete Bühne, um eine kurze, einstündige Ansprache zu halten. Er begrüßte im Namen der Mischpoche die Anwesenden und fing an, aus seinem Leben in Haran zu berichten. So erfuhren wir bald, dass seine geliebte Tochter Rachel nicht nur sehr kamelliebend war, sondern auch eine begeisterte Sammlerin von Götterstatuen. Einen kleinen Teil von ihnen beschlagnahmte Jacob während der langen Reise nach Kanaan, den Großteil aber – und das ist nicht allgemein bekannt – schmuggelte sie in ihrer Unterhose über die Grenze, eine Wohltat, die ihr die Hausgötter der Familie niemals vergaßen und sie dafür auch reichlich belohnten. Laban schwärmte auch von seinem Schwiegersohn Jacob, der nicht nur ein erstklassiger Hirte war, sondern auch ein Held, der die mächtigsten Löwen des Landes mit bloßen Händen erwürgte. Abschließend verlor er noch einige Worte über seine angeblich verwerfliche Handlung (gemeint ist der in der Bibel dokumentierte Betrug an Jacob), eine Tat, die er zwar nicht leugnete, doch anders als die meisten Bibelexegeten interpretiert. Seiner Darstellung nach war er gezwungen, einige Tricks anzuwenden, um so den geliebten Jacob, der vor Sehnsucht nach Kanaan fast wahnsinnig wurde, vor einer frühzeitigen Rückkehr und dem Erschlagenwerden durch Brüderchen Esau zu bewahren.

Nach Beendigung seiner tiefsinnigen Rede wurde Laban von den Zuschauern, die schon dem Höhepunkt der Veranstaltung – dem Erscheinen Jacobs – entgegenfieberten, mit höflichem Applaus entlassen. Schlagartig erloschen dann alle Lichter, und tiefe Dunkelheit senkte sich über das Stadion. Eine Fanfare ertönte, und eine golden fluoreszierende Leiter, auf der nackte, süße Engelbabys sich tummelten, glitt, wie von Zauberhand vom Firmament herabgelassen, zum Marmorboden der Arena. Neuerlich erschallte die Posaune, und von zwei kräftigen Leibwächterengeln eskortiert betrat Erzvater Jacob – ein blauäugiger, blond gelockter

Riese –, scheinbar aus dem Nichts kommend, die oberste Sprosse der goldenen Leiter. Langsam und würdevoll stieg der in einen Tigerpelz eingehüllte Patriarch, beidseitig von seinen Schutzengeln gestützt, die Leiter herab. Am Fuß der Leiter angelangt, blieb Jacob stehen und ließ sich, in verschiedenen Posen, minutenlang vom begeisterten Publikum feiern.

Dann wurde es dramatisch: Ein sieben Meter großer und feuerspeiender Drache stürzte sich auf Jacob, und sogleich entbrannte zwischen beiden ein schrecklicher Kampf. Fast schien es, als ob Jacob dem unheimlichen Gegner unterliegen würde, doch schließlich, nach einem aufregenden zweistündigen Ringen, erlahmten die Kräfte des Angreifers, der – dem Herzinfarkt nahe – es gerade noch schaffte, mit einer Kralle Jacob an einer äußerst delikaten Stelle zu treffen. Vom Gefecht ermattet stürzten beide, bewusstlos zu Boden, womit der Kampf unentschieden endete. Als sich Jacob und der Drache einigermaßen erholt hatten, folgte ein Happy End: Zuerst umarmten und küssten sich beide, danach segnete der Drache beim Verlassen der Bühne sowohl den Patriarchen als auch das begeisterte Publikum.

Nun folgte eine dreistündige Ansprache Jacobs, die ich stark gekürzt wiedergeben will.

Einleitend berichtete Jacob, wie er während ihrer schwierigen Geburt vom hinterhältigen Zwillingsbruder Esau zur Seite geboxt und ihm so das Erstgeburtsrecht gewaltsam genommen wurde. Er berichtete anschaulich von ihrer gemeinsamer Kindheit und verheimlichte auch nicht, dass sein verruchter Bruder schon als Kind sehr unartig gewesen sei, sich niemals die Zähne putzen wollte und obendrein auch beim Versuch zu sprechen, aus Scham über sein angeborenes Stottern stets errötete, was ihm den Beinamen Edom – der Rote – einbrachte. Jacobs „Betrug" an Esau – jeder kennt wohl die biblische Erzählung vom berühmtesten Linsengericht aller Zeiten –, war demnach keine Gaunerei, sondern nur die ausgleichende Gerechtigkeit für das abscheuliche Verhalten Esaus während ihrer Geburt. Dann erwähnte er auch den angeblichen Betrug an seinem Vater Isaak, der infolge der Verkleidung Jacobs den falschen Bruder segnete. Doch das war, argumentierte Jacob überzeugend, ebenfalls keine verwerfliche Tat, weil er mit dieser Posse – und nur aus reiner Bruderliebe – sicherstellen wollte, dass der schüchterne Stotterer und Bettnässer Esau – der sich aus Angst vor Ohrfeigen nie in das Zelt des Vaters traute –, den ihm gebührenden väterlichen Segen erhalten sollte.

Abschließend ermahnte Jacob all seine geliebten Nachkommen, die Gesetze des Himmels streng zu befolgen, keinerlei Neuerungen im Paradies anzustreben und mit den Behörden im heiligen Kampf gegen alle neumodischen Erscheinungen zusammenzuarbeiten. Nach allen Seiten winkend, stieg Jacob in Begleitung seiner Leibwächter die Leiter empor, wo ihn Bruder Esau liebevoll umarmte. Gemeinsam segneten sie die Menge und verschwanden, unter ekstatischen Jubelrufen des Publikums, im tiefschwarzen Nichts über der Arena.

Müde, doch glücklich konnten wir nun die lange Rückreise antreten, und vier Stunden später kuschelte ich mich in meine Wohnwolke und schlief sofort ein.

30.6.2010

Auszug aus der himmlischen *Keschet Zeitung*, Rubrik: „Diverses"

Aufgrund der vielen besorgten Leserbriefe, die tiefe Verunsicherung in Bezug auf die einhundertprozentige Kaschrut, die rituell einwandfreie Zubereitung von Speisen, der himmlischen Manna erkennen lassen, beschloss unsere Redaktion, die Angelegenheit zu untersuchen. Unsere speziell ausgebildeten Maschgichim (rituell geschulte Aufpasser) verbrachten inkognito vier Wochen in der Großküche von Neubabel und stellten fest, dass sowohl alle Speisen als auch sämtliche am Produktionsvorgang beteiligten Personen absolut koscher sind. Es freut uns daher, all unsere besorgten Leser beruhigen zu können. Die Redaktion wünscht weiterhin guten Appetit.

1.7.2010

Auszug aus der himmlischen *Keschet Zeitung*, Rubrik: „Das Interview zum Tag" mit Rabbiner Mosche Lerninger, Mitbegründer der heiligen Siedlerbewegung Gusch Emunim, zum Thema: „Siedlungsbau im Standard-Paradies".

Keschet: Exzellenz, Ihr kurzer Besuch im „Standard-Paradies" erfüllt uns alle mit großer Freude. Würden Sie bitte unseren Lesern den Grund Ihrer Reise verraten?

Rabbiner Lerninger: Danke für die freundliche Begrüßung. Wie Sie ja wissen, fällt es keinem von uns Heiligen leicht, unser gesegnetes Zuhause – das „Exquisit-Paradies" – zu verlassen und einen durch zahlreiche Sünder entweihten Boden zu betreten. Doch als Sprecher der paradiesischen Gusch-Emunim (Block der Getreuen)-Bewegung habe ich keine andere Wahl, als meiner paradiesischen Pflicht nachzukommen. Ich bin hier, um bei allen gutmeinenden Standard-Paradies-Bewohnern für die von uns geplante Errichtung von Wehrsiedlungen innerhalb einer Fünfzig-Kilometer-Sicherheitszone Verständnis zu erwecken.

Keschet: Exzellenz, könnten Sie bitte Ihre sicherlich ehrenwerten Gründe für die Errichtung von Siedlungen im „Standard-Paradies" unseren Lesern erläutern?

Rabbiner Lerninger: Sie müssen – ob es Ihnen gefällt oder nicht – mehrere Tatsachen – die auch mit Sicherheitsfragen zu tun haben – endlich zur Kenntnis nehmen. Wie Ihnen ja allen bekannt ist, werden die Heiligen des „Exquisit-Paradieses" während ihrer ganztägigen und schwierigen Thora-Studien vom

Lärm, der von „Standard-Paradies"-Insassen durch tägliche Tanzveranstaltungen und böswillige Harfenmusik verursacht wird, gestört und abgelenkt. Außerdem kann nicht toleriert werden, dass immer wieder, mindestens dreimal jährlich, „Standard-Paradies"-Gallerten die Grenze illegal überwinden, um im Exquisit-Paradies unterzutauchen. Zweitens – und dieser Aspekt ist noch viel gravierender – müssen die „Standard-Paradies"-Bewohner endlich akzeptieren, dass laut aller unserer heiligen Schriften das gesamte ungeteilte Paradies lediglich den Gerechten versprochen wird. In keiner dieser Schriften wird auch nur mit einer Zeile erwähnt, dass Ungläubige und Sünder im Paradies Aufnahme finden werden. Auch wenn heute, bedingt durch bestimmte geschichtliche Entwicklungen, sich ungebetene Gäste im Paradiesgelände befinden, können diese bestenfalls toleriert werden, doch natürlich nur unter der Voraussetzung, dass sie sich ruhig und ordentlich benehmen und anerkennen, dass sie im Grunde genommen keinerlei Anspruch auf eigenes Land besitzen. Im Übrigen – und das können alle Zweifler im biblischen Schöpfungsbericht nachlesen – umspült der paradiesische Fluss Pischon das ganze Land Chawila, das Land, wo Gold zu finden ist. Mit dem dort genannten Land Chawila ist – nach einhelliger Meinung unserer Weisen – das „Exquisit-Paradies" gemeint, wodurch unsere Besitzansprüche auf das gesamte Land klar bewiesen werden. Natürlich wollen wir niemanden aus seiner Behausung vertreiben, doch fordern wir von unseren zukünftigen Nachbarn sowohl absolute Ruhe als auch Respektsbezeugungen und Dankbarkeit.

Keschet: Und wie, Exzellenz, reagieren die himmlischen Behörden auf Ihre Intentionen?

Rabbiner Lerninger: Unsere Bewegung hat, dem Herrn sei Dank, genügend Verbündete in allen paradiesischen Ämtern. Jedem der leitenden Direktoren ist außerdem klar, dass bei Nichtunterstützung unserer Intentionen die Koalition im paradiesischen Weisenrat sofort gesprengt werden kann und bedeutende Persönlichkeiten schlagartig machtlos wären. Abgesehen davon unterstützen auch alle Erzengel, der zukünftige Messias Schneerson und selbst Moses unsere Intentionen.

Keschet: Exzellenz, wir danken für das Gespräch und wünschen Mazel tov."

10.7.2010

Nun ist es tragische Gewissheit. Die himmlischen Behörden haben in ihrer unendlichen Weisheit beschlossen, mich aus dem Paradies zu entfernen und an den einzigen Ort, wo ich ihrer Meinung nach hingehöre – in die Hölle – zu verbannen.

Die Steintafel mit dem endgültigen Bescheid wurde mir durch Erzengel Uriel persönlich übergeben. Uriel, ein fünf Meter großer, dürrer und aufdringlich parfümierter – ich glaube, es ist ein Chanel-Duft –, bartloser Geselle mit rosa gefärbten Flügeln und blumendurchflochtenen, blonden, schulterlangen Haaren, empfing mich auf einer Thronwolke schwebend in seinem Büro im 10. Stock von Neubabel. Freundlich lächelnd teilte er mir mit sanfter, leiser Stimme mit, dass aufgrund hunderter von Beschwerden und der Beobachtungen der himmlischen Keuschheitsgarde, die feststellen musste, dass der Wille zur Umkehr bei mir nicht gegeben sei, sein lieber Freund Edgar Hoover persönlich meinen Fall überprüfte und nun die Anordnung erlassen habe, an mir ein Exempel zu statuieren und mich, als Sicherheitsrisiko für die Paradiesordnung, auf eintausend Jahre in die Hölle zu verbannen.

Uriel befahl mir, sogleich zu meiner Wohnwolke zurückzukehren, all die mir ausgehändigten himmlischen Utensilien auf Hochglanz zu polieren und mich – unter Wolkenarrest stehend – geistig auf die bevorstehende Versetzung vorzubereiten. Zum Abschied liebkoste er meine Wangen und bot mir an – dabei schielte er unverhohlen auf die mir aus den Beständen der russischen Raumstation Mir noch verbliebene Damenhandtasche –, ihn jederzeit, sollte ich Fragen oder Probleme haben, kontaktieren zu können.

Ich sitze jetzt schon seit drei Tagen auf meiner Wohnwolke, die ich ohne die Genehmigung Uriels nicht verlassen darf und grüble darüber nach, was zu unternehmen sei, um wenigstens meine geheimen schriftlichen Aufzeichnungen retten zu können.

11.7.2010

Nach reiflicher Überlegung entschied ich mich heute, meine Aufzeichnungen in einer der vielen im Gras herumliegenden Spezialflaschen zum Aufbewahren von Himmelstau (der ja für die Manna-Zubereitung unerlässlich ist), an mich zu nehmen und die Pergamentrolle darin aufzubewahren. Die Flasche samt Inhalt werde ich Erzengel Uriel überbringen und ihn, nach Übergabe einer kleinen Aufmerksamkeit – vielleicht die hübsche Damenhandtasche, die er so sehr begehrt – bitten, bei

seiner nächsten Reise zur Erde sie im Erdorbit unauffällig zu hinterlegen. Mit etwas Glück könnte die Flasche in die Erdatmosphäre eintauchen und sollte sie
nicht verglühen, irgendwo unbeschädigt niedergehen
und aufgefunden werden.

Abschließend will ich noch auf den folgenden zwei
Seiten einige Reformvorschläge für Himmel und Hölle
verfassen, alles gut durchdachte und höchst nützliche
Ideen.

Doch zuvor will ich betonen, dass ...

Liebe Leserin, lieber Leser,

mit diesen Worten endet das Tagebuch von Rabbiner K.O. Die letzten fünfzig Zeilen des Dokuments, mit sicherlich hervorragenden Vorschlägen für die zukünftige Gestaltung des Jenseits konnte ich – wie einleitend erwähnt – der Menschheit nicht mehr erhalten, eine Tatsache, die mir viel Kummer verursacht, die aber nicht mehr zu ändern ist.

In den vergangenen Wochen haben Klein-Tevje und ich unsere regelmäßigen morgendlichen Spaziergänge von Baden nach Sooß und zurück wieder aufgenommen. Unterwegs schweifen – aus wohl sehr unterschiedlichen Gründen – unsere Blicke zu den am Firmament funkelnden Sternen empor, wobei mir stets schmerzlich bewusst ist, dass mein innigster Wunsch, eine weitere Botschaft von Rabbiner K.O. zu erhalten, wohl niemals in Erfüllung gehen wird; doch nie soll der Mensch die Hoffnung fahren lassen!

Nachtrag

Auszug aus den Lokalnachrichten der *Neuen Badener Zeitung* vom 13.6.2012:

Mysteriöser Unfall: Gestern, gegen sieben Uhr morgens, entdeckte ein Spaziergänger den bewusstlosen Dr. T.M. auf einem Acker nahe Sooß. Neben dem Ohnmächtigen kauerte, am ganzen Körper zitternd, sein unverletzt gebliebener weißer Toy-Pudel Tevje. Dr. T.M., ein unbescholtener, doch als Sonderling geltender Bürger unserer Stadt, wurde offensichtlich während eines Spazierganges von einem geheimnisvollen, flaschenförmigen Flugobjekt – dessen Inhalt zur Zeit von Experten der Zivilluftfahrt untersucht wird – am Kopf getroffen und in kritischem Zustand auf die Intensivabteilung des Badener Krankenhauses eingeliefert. An seinem Aufkommen wird gezweifelt.

Epilog

Die Helden meiner Erzählung „leben" in einem fundamentalistisch ausgerichteten Paradies. Falls es so etwas wie ein Paradies geben sollte, dann ist zu befürchten, dass dort – ähnlich wie auf Erden – hochmotovierte religiöse Fundamentalisten großen Einfluss ausüben. In dem von mir beschriebenen Jenseits ist der Kampf zwischen religiös Fortschrittlichen und Fundamentalisten, anders als auf Erden, längst entschieden.

Gefährliche religiöse Fundamentalisten finden wir bei allen monotheistischen Religionen. Sie glauben an die absolute Unfehlbarkeit ihrer religiösen Schriften, stehen in Opposition gegen „Modernität", haben Angst vor Veränderungen, negieren den religiösen Pluralismus, verachten die Demokratie und sind oftmals gewaltbereit. Jüdische Fundamentalisten unterscheiden sich allerdings von christlichen und muslimischen Fundamentalisten, indem sie nicht den Versuch unternehmen, Angehörige anderer Religionen zum Judentum zu missionieren.

Die meisten von mir namentlich genannten Figuren haben wirklich (oder angeblich) gelebt, manche von ihnen leben noch heute, und sie werden trotz – oder vielleicht wegen – ihrer fundamentalistischen Ansichten hoch geehrt. Viele der von mir geschilderten Episoden beruhen auf wirklich stattgefundenen Ereignissen, so zum Beispiel die Aktivitäten der Keuschheitsgarde in Jerusalem, die absurden Behauptungen mancher Thora-Größen bezüglich der „Schuld der Zionisten und Reformjuden am Holocaust", die Hasstiraden von Rabbiner Kahane gegen die Demokratie oder die Bemerkung von Rabbiner Ovadia Jossef, „dass die sechs Millionen Opfer der Schoah in Wirklichkeit die Reinkarnation von Sündern waren".

So kommt es, dass auch bekannte und bereits verstorbene Persönlichkeiten in vielen meiner Erzählungen eine mehr oder weniger große Rolle spielen, wie unter anderem Noah (der Erbauer der Arche), der Patriarch Jacob, die zwölf biblischen Kundschafter, der falsche Messias Sabbatai Zwi, der zukünftige Messias Menachem Schneerson, Tricky Dicky (ein ehemaliger U.S.-Präsident), Edgar Hoover (ehemals Direktor des F.B.I.), die Musiker Elvis Presley, Jacques Offenbach und viele mehr.

Meine satirischen Essays richten sich keinesfalls gegen die Religion an sich, sehr wohl aber gegen die fundamentalistische Auslegung der heiligen Schriften durch Fanatiker aller Schattierungen, die das Rad der Zeit zurückdrehen möchten.

Hoffen wir, dass der Bericht des Rabbi K.O. aus dem Jenseits sich bald als falsch herausstellen wird, und dass das Paradies – sollte es wirklich existieren – in Wirklichkeit ein wunderbarer Ort ist, an dem es sich lohnt „zu leben".

Adams Wurm

> Dann sprach Gott: „Nun wollen
> wir den Menschen machen, ein
> Wesen, das uns ähnlich ist!"
> (Genesis, 1,26)

Wie allgemein bekannt, wurden Himmel und Erde und
die ganze Welt vor 5783 Jahren erschaffen. Das Wissen
um das exakte Alter des Universums und der Erde ver-
danken wir den exakten Berechnungen des Patriarchen
Hillel II. – er lebte von 330 bis 365 n.d.Z. – in Palästina.

Tag 1 (im Jahr 70, vor Erschaffung der Welt)

Bei Morgengrauen torkelte Adam Schlemil in Richtung
seiner düsteren Substandard-Wohnhöhle, irgendwo in
der nördlichen Hemisphäre eines wilden, sumpfigen
und unbedeutenden Planeten, am Rande der ellipti-
schen Galaxis Nummer M31. Schon seit fünfzig Jahren war es Adams liebste Gewohnheit, Nacht für Nacht
sämtliche Kneipen seiner näheren Umgebung zu beeh-
ren, um diese auf die Qualität ihrer geistigen Getränke
zu überprüfen.

Auch diese verregnete Herbstnacht verbrachte
Adam, in Begleitung einiger seiner treuesten Zechge-
nossen, in diversen düsteren Spelunken, so auch im

berüchtigten Gasthaus *Sodom und Gomorrha*. Dort untersuchte er, auf Empfehlung eines Freundes, die kombinierte Wirkung von vergorenem Honigwasser und zerhackten Fliegenpilzen, eine Spezialität des Hauses. Der Erfolg dieses Experiments ließ nicht lange auf sich warten, und übertraf bald all seine kühnsten Erwartungen. Denn schon nach dem dritten Glas vergorenem Honigwasser, dem ein leckerer Fliegenpilzextrakt beigefügt war, vermochte er plötzlich, die tiefsinnigen Gedanken seiner schon schwer angetrunkenen Freunde zu empfangen und sich gleichzeitig mit Isabelle, seinem längst, an einer Leberzirrhose, verstorbenen Weib zu unterhalten.

Für einen modernen, wissenschaftlich orientierten Menschen wäre solch eine unerwartete telepathische Fähigkeit ein erfreuliches Geschenk des Himmels gewesen, doch für einen psychisch und physisch degenerierten Säufer, wie es Adam eben war, erwies sich eine derartige Fähigkeit als ärgerlich und ermüdend.

Verwirrt und von heftigen Kopfschmerzen geplagt, beschloss er daher, so schnell es seine Füße ermöglichten – und das war nicht besonders flott – *Sodom und Gomorrha* fluchtartig zu verlassen und seine Wohnhöhle anzusteuern. Dort glücklich angekommen, warf sich Adam – er bemühte sich nicht einmal seinen selbstgenähten Pelzumhang abzulegen – auf sein von Schmutz starrendes, von Ungeziefer strotzendes Strohlager und schlief augenblicklich ein. Doch sein wohlverdienter schwerer Schlaf war nur von kurzer Dauer, denn schon nach wenigen Minuten weckte ihn eine wohltönende, etwas fremdartig klingende Stimme, die ihm eindringlich folgende Botschaft übermittelte: „Verehrtes hochgeistiges Wesen des Planeten XY3, du hörst eine

tachyonengestützte Eilbotschaft des galaktischen Imperiums, es spricht der Generalsekretär des Zentralbüros für interstellare Angelegenheiten ..." (*Anmerkung des Autors: Den hier angegebenen unwahrscheinlich langen und komplizierten Namen des Sprechers wollen wir aus Platzgründen an dieser Stelle nicht erwähnen.*)
„Wir überbringen allen Zweibeinern Deines Planeten den Gruß unseres allmächtigen Imperators ... *(Anmerkung des Autors: Namen und Ehrentitel tun hier nichts zur Sache)* und ersuchen dich höflich, unsere Warnung an alle deine Mitwesen dringend zu übermitteln. Die Wissenschafter des galaktischen Imperiums haben soeben festgestellt, dass eure Welt in genau 61 Stunden und 13 Minuten eurer Zeitrechnung von einem einer Herde schwarzer Löcher entlaufenen Jungloch getroffen und komplett vernichtet werden wird. Wir bedauern die Unachtsamkeit eines unserer Lochhüter und, um den Schaden möglichst zu minimieren, werden wir in genau 48 Stunden ein Wurmloch zu deiner Behausung installieren, durch welches sich die gesamte Bevölkerung deiner Welt, samt Haus- und Nutztieren in ein neu eingerichtetes Reservat am Rande der euch benachbarten Balkenspiralgalaxie – sie besteht aus 250 Milliarden Sternen und besitzt eine Ausdehnung von 100.000 Lichtjahren, gemessen in der galaktischen Ebene – retten soll. Denn wisse, dass Wurmlöcher tunnelförmige Abkürzungen in der gekrümmten Raumzeit darstellen. Sie umgehen diese Krümmung und ermöglichen so Reisen mit Überlichtgeschwindigkeiten. Im Vertrauen auf dein Verständnis und auf gute Zusammenarbeit hoffend, grüße ich euch alle ..."

Der noch von heftigen Kopfschmerzen geplagte Adam vernahm zwar die Stimme des Zentralsekretärs, doch überzeugt, eine verrückte Halluzination zu erleben, fand er die Botschaft weder amüsant noch beachtenswert, griff erneut zu einer am Rand des Strohlagers aufbewahrten Holzschüssel, die mit süßem Met angefüllt war, und kippte den köstlichen Inhalt des Eimers in seinen durch Gastritis überreizten Magen und schlief bald den Schlaf des Gerechten.

Tag 2 (im Jahr 70, vor Erschaffung der Welt)

Schon am nächsten Tag – eigentlich war es Abend, denn so lange brauchte er, um aus dem Bett zu kriechen – war der nächtliche Spuk vergessen und Adam begab sich gemeinsam mit seinem besten Saufkumpanen, dem Schamanen Baruch Nebbich, auf neue Abenteuer. Auch in dieser Nacht amüsierten sich beide köstlich. Adam wiederholte sein Experiment der vergangenen Nacht und konnte erneut, nachdem er zwei Liter Met, mehrere halluzinogene Pilze und eine handvoll Kokablätter vertilgt hatte, die Gedanken aller Gäste des Lokals – sie kreisten lediglich um Alkohol und Sex – empfangen. Bald meldete sich auch seine geliebte, längst verstorbene Isabelle zu Wort und überschüttete ihn mit allerlei Vorwürfen und Verwünschungen.

Gegen drei Uhr morgens torkelte er erschöpft in seine verkommene Wohnhöhle und wie schon in der Nacht zuvor, wurde er, kaum eingeschlafen, von der dieses Mal noch viel eindringlicheren Stimme des Zentralsekretärs des galaktischen Imperiums geweckt, der die ihm schon bekannte Botschaft übermittelte. Über die neuerliche Belästigung erzürnt, beschloss Adam, den Störenfried zu ignorieren, und nach Vertilgung des

Inhalts eines mit Met randvollen Holzbehälters konnte ihn keine noch so laute Stimme mehr ärgern.

Tag 3 (im Jahr 70, vor Erschaffung der Welt)

Auch an diesem schönen Herbstabend wiederholte sich die Geschichte und pünktlich gegen 22 Uhr betrat Adam – dieses Mal alleine, weil sein Freund, der Schamane Baruch Nebbich, beim Versuch, den Wald von der Spitze des heiligen Berges Carmel aus zu überfliegen, tödlich verunglückt war – die Spelunke *Sodom und Gomorrha*.

Um seiner Einsamkeit zu entrinnen, lud Adam die ihm bekannte platinblonde und vollbusige Witwe Eva, die wie er all ihre Abende in verruchten Lokalen verbrachte, an seinen Tisch und bald, nach erneutem Konsum all seiner Lieblingsgetränke, vermischt mit ausgesuchten psilocinhaltigen heiligen Pilzen, war er wieder in der Lage, all die Gedanken seiner Mitmenschen zu lesen. An diesem Abend meldete sich Isabelle aber nicht mehr zu Wort.

Natürlich bemerkte Adam sogleich, dass Eva durchaus gewillt war, ihn nicht nur mit Äpfeln zu verführen. Daher bat er sie, ihn in seine Wohnhöhle zu begleiten und Schlag ein Uhr morgens betraten beide, sich gegenseitig stützend, seine düstere und muffige Behausung. Lüstern warfen sie sich sogleich auf das schmutzstarrende Strohlager. So sehr sich beide auch Mühe gaben, wach zu bleiben, schliefen sie sogleich, obwohl erst halb entkleidet, ein.

Doch schon eine Stunde später wurde Adam von der Stimme des Zentralsekretärs des galaktischen Imperiums geweckt. Dieser wiederholte eindringlich seine – wie er sagte – „allerletzte Warnung" und kündigte an, dass in wenigen Minuten das Tor zum rettenden Wurmloch geöffnet werden würde, was dann auch innerhalb von 35 Sekunden prompt geschah.

Ein gelber Blitz, gefolgt von einem schrecklichen Donnerschlag, erhellte das Zimmer und erschreckte die Liebenden fast zu Tode. Entsetzt sahen beide, wie gleichsam durch Zauberhand ein rund vier Meter langer und drei Meter dicker, schwarzer, orange gepunkteter Wurm aus der südlichen Wand der Wohnhöhle herausragte und – nach Wurmart – sich wild am dreckigen Boden krümmte. Nach wenigen Sekunden erlahmte die Bewegung und eine Öffnung von gut zwei Metern Durchmesser tat sich am freien Wurmende auf. Von wilder Panik ergriffen – und vom Met-Genuss noch benommen – purzelte Eva vom Strohlager direkt in die Wurmöffnung, und bevor Adam auch nur einen Finger rühren konnte, war die Frau spurlos im Wurm verschwunden. Adam erging es um nichts besser, denn auch er verlor aus Ungeschicklichkeit und mangelnder Koordinationsfähigkeit sein Gleichgewicht und stürzte kopfüber in den düsteren Schlund des Ungeheuers.

Nach beider Abgang verharrte der Wurmleib noch drei weitere Stunden regungslos auf dem Boden von Adams Wohnhöhle und verschwand sodann spurlos mit einem lauten Knall.

Tag 4 (im Jahr 70, vor Erschaffung der Welt)

Diesen Tag erlebten die Bewohner des Planeten XY3 nicht mehr.

Epilog (im Jahr 70, vor Erschaffung der Welt)

Anfrage des Wurm-Schleusenwärters im Segment Alpha der Andromeda-Galaxie an den Generalsekretär des galaktischen Imperiums:

Exzellenz, heute habe ich zwei völlig verschreckte und verwahrloste zweibeinige, pelzbedeckte Lebewesen im Sieb der Schleuse aufgegriffen. Nach intensiver Befragung gaben sie in einer kaum verständlichen „Sprache" – sie besteht aus lauter hässlichen Grunzlauten – an, Adam und Eva (oder so ähnlich) zu heißen und an einem bedeutenden Ort zu leben, um den sich, ihrer Meinung nach, alle „Lagerfeuer" am Himmel drehen.

Möglicherweise stammen sie vom Planeten Nummer XY3, einem unbedeutenden winzigen Planeten am Rande des Paralleluniversum 120, doch das muss noch überprüft werden. Anscheinend sind sie die einzigen Überlebenden ihrer Rasse nach der Kollision ihres Planeten mit einem uns unglücklicherweise entlaufenen schwarzen Jungloch. Bis zum Eintreffen weiterer Instruktionen habe ich mir erlaubt, beide Individuen im Park der Wurmlochanlage einer nahe gelegenen Balkenspiralgalaxie unterzubringen. Nun erholen sie sich von ihrem Schrecken unter einem Apfelbaum, dessen Frucht – wie von Ihnen vorgeschrieben – nicht gegessen werden darf. Zu ihrer eigenen Sicherheit habe ich daher eine Andromedaschlange zur Bewachung des Baumes abgestellt.

In Erwartung weiterer Instruktionen,
Euer ergebener Diener,

Erzengel Michael, am Tag 6, nach Erschaffung von Terra nova, am 11.10.3764 v.d.Z.

Methusalems Memoiren
(ungekürzte Ausgabe)

> *„Dieses ist das Geschlechterregister der Nach-*
> *kommen von Adam: ... Als Adam hundertunddrei-*
> *ßig Jahre gelebt hatte, zeugte er in seiner Ähnlich-*
> *keit sein Ebenbild und nannte ihn Set. Nachdem*
> *er Set gezeugt hatte, lebte Adam noch achthundert*
> *Jahre und zeugte Söhne und Töchter ... Henoch*
> *lebte fünfundsechzig Jahre und zeugte Methu-*
> *salem. Nachdem er Methusalem gezeugt hatte,*
> *wandelte Henoch vor Gott dreihundert Jahre und*
> *zeugte Söhne und Töchter ... Methusalem lebte*
> *einhundertsiebenundachtzig Jahre und zeugte*
> *Lamech. Nachdem er den Lamech gezeugt, lebte*
> *Methusalem noch siebenhundertzweiundachtzig*
> *Jahre und zeugte Söhne und Töchter. Als Methu-*
> *salems Lebensjahre neunhundertneunundsechzig*
> *waren, starb er."* (Genesis, 5,1-6,8)

The Messenger, New York, am 1.4.2010

Vorbemerkungen

Im Jahre 5760 – nach Erschaffung der Welt – entdeck-
ten die berühmten israelischen Archäologen Professor
Neil Funkelstein und Professor Ariel Silberberg, während ihrer an sich erfolglosen Suche nach den Über-

resten des legendären Ur-Yetis, mehrere beschriftete, teils beschädigte und moosbewachsene Steintafeln in einer Höhle am Fuße des heiligen Berges Carmel, nahe Haifa. Schon auf den ersten Blick erkannten beide Wissenschafter die große Bedeutung dieses Fundes für die gesamte Menschheit. Die langwierige und mühsame Entzifferung der großteils schon verblichenen Schriftzeichen dauerte zwölf Monate.

Nachdem sie den Text der fünf aufgefundenen Steintafeln entschlüsselt hatten und ihnen klar geworden war, dass es sich hier um die Memoiren des berühmten Methusalem – laut Bibelbericht lebte kein Sterblicher länger als er – handelt, übergaben sie ihren wertvollen Fund an die Regierung Israels. Mit großer Mehrheit, bei Stimmenthaltung der ultraorthodoxen Schas-Partei, beschloss die Regierung, mit Rücksicht auf die Gefühle von Millionen von jüdischen und christlichen Gläubigen, die Steintafeln in einem sicheren Safe des Israel-Museums in Jerusalem für alle Zeiten zu verwahren. Die Professoren wurden mit sanftem Druck und einer beachtlichen finanziellen Entschädigung zum Stillschweigen verpflichtet.

Infolge eines unglücklichen Missgeschicks konnte das große Staatsgeheimnis nach nur wenigen Monaten gelüftet werden. Schuld an dieser skandalösen Entwicklung war die inzwischen verhaftete Museumsputzfrau, die durch unvorsichtiges Hantieren mit einem Wassereimer einen Kurzschluss auslöste, in dessen Folge die massive Safetüre sich weit öffnete. Die Putzfrau – eine rumänische Neueinwanderin – entwendete die Steintafeln, samt Expertengutachten und verkaufte sie gegen ein geringes Entgelt an einen ehemaligen Ministerpräsidenten Israels (dessen Name tut nichts zur Sache). Dieser schmuggelte mit Hilfe seiner Frau die Steintafeln nach New York und verkaufte sie schließlich um viel Geld – es soll sich um 50 Millionen Dollar gehandelt haben – an den steinreichen russischen Kunstliebhaber und Diplomaten Anatoli Abrahamowitsch, der sie, bis zu seinem tragischen Ende infolge eines unfreiwilligen Kontakts mit Plutonium, in seinem Privatarchiv verwahrte. An seinem Krankenbett berichtete der reuige Anatoli Abrahamowitsch seinem Hauspopen – Bischof K. O. – von den erworbenen Steintafeln und bat ihn, diese, gegen Zusicherung einer himmlischen Absolution, der Weltöffentlichkeit zu präsentieren.

Nach Ableben seines Schützlings suchte Bischof K. O. die Redaktion des *Messenger* auf und übergab unserer Wissenschaftsredaktion den von ihm fotokopierten Text der fünf Steintafeln, samt Expertengutachten. Den Lagerungsort der historischen Steintafeln wollte oder konnte Bischof K. O., vor seinem mysteriösen Verschwinden, nicht bekannt geben; vermutlich lagern sie derzeit in einem Kloster nahe Moskau. Wir wollen an dieser Stelle betonen, dass der fromme Mann für diese Unterlagen von unserem Blatt keinerlei finanzielle Gegenleistungen erhielt.

Als erste Zeitung der Welt ist nun *The Messenger* in der Lage, einen Teil der Memoiren des Methusalem, Sohn des Henoch, unseren Lesern unverfälscht zu präsentieren.

Lucky Luciano, Chefredakteur

Textabschrift der Steintafel I

*laut Radiocarbonmethode beschriftet im Jahre 968 seit
der Vertreibung aus dem Paradies (s.d.V.)*

Es ist Hochsommer in Kanaan. Bunte Kolibris, farbige
Schmetterlinge und fleischfressende Dinosaurier tum-
meln sich vor meiner Wohnhöhle am Fuße des heiligen
Berges Carmel. Trotz der großen Hitze friere ich, mein
einziger noch verbliebener Zahn schmerzt und meine
Windeln sind schon wieder völlig durchnässt. Xanthip-
pe, meine geliebte Gattin Nummer 5088 (oder 5089?),
versucht die Schmerzen in meinen frierenden Glied-
maßen mit Hilfe von Thai-Massagen, Fangopackungen
und heiligen Beschwörungen zu lindern, doch es hilft
nichts. Denn im Alter von 968 Jahren ist man eben nicht
mehr der Jüngste. Obwohl mein Höhlenastrologe, der
weise Nathan, mir versichert, dass ich noch mindestens
120 Jahre leben werde, habe ich das sichere Gefühl,
dass meine Zeit auf Erden sich langsam ihrem Ende
zuneigt. Selbst meine Sexualkraft lässt deutlich nach,
was mich weit mehr irritiert als das verdammte Frieren.
Wenn das so weitergeht, werden meine noch lebenden
270 Frauen (oder sind es 273?) mir bald untreu werden.
Vielleicht sollte ich den Versuch unternehmen, durch
Opfergaben den mächtigen El Baal zu besänftigen. Da
er bekanntlich blonde Jungfrauen bevorzugt, wäre es
wohl zielführend, ihm 500 meiner 1700 Töchter ab-
zutreten. Vielleicht sollte ich auch unseren heiligen
Haushomöopathen und Buchblütenheiler Professor
Huhnemann aufsuchen, um seine Hilfe zu erbitten. An
die Wirkung der neumodischen Arznei Niagra glaube
ich nicht, denn nur was aus der Natur kommt, ist gut,

nebenwirkungsfrei und wirksam. Das ist auch die Meinung des Heiligen.

Mit meinen 968 Lebensjahren bin ich nun der älteste Mensch, der seit der Ausweisung von Adam und Eva aus Eden je gelebt hat. Eine Eintragung in das Guinnessbuch der Rekorde ist mir daher sicher. Ich befürchte, dass die Menschen nachfolgender Generationen bei weitem nicht mehr mein Alter – oder das hohe Alter meiner Vorfahren – erreichen werden. Denn infolge der zunehmenden Luftverschmutzung, des Klimawandels – es wird deutlich wärmer auf Erden – und der sündigen Lebensweise der meisten Mitmenschen wird die Lebenserwartung all meiner Nachkommen deutlich sinken …

(Anmerkung der Redaktion: An dieser Stelle endet der Text von Tafel I abrupt.)

Textabschrift der Steintafel II

Seit zehn Tagen habe ich meine Schlafstelle nicht mehr verlassen. Die Kräfte schwinden langsam. Ich glaube, dass das neue Wundermittel Niagra, das ich mir auf Drängen all meiner Frauen und trotz großer Bedenken meinerseits besorgen ließ, nicht ganz unschuldig an meinem rapiden Kräfteverfall ist. Vielleicht hätte ich nicht die Dreifachdosis einnehmen sollen, doch nach der Einnahme der ersten Tablette rührte sich bei mir nichts. Andererseits sind meine Frauen von der Arznei sehr begeistert und drängen mich, sie wieder in einer weit höheren Dosis einzunehmen. Ich werde mich mit unserem Heiler noch diesbezüglich beraten.

Seit Tagen denke ich vermehrt an meine Jugendzeit zurück und auch an Großvater (eigentlich ist er mein Ur-Ur-Ur-Ur-Ur-Großvater) Adam. Bei meiner Geburt war Großvater Adam 687 Jahre alt, und er lebte danach noch weitere 243 Jahre. Meine Ur-Ur-Ur-Ur-Ur-Großmutter Eva starb hingegen recht jung im Alter von 199 Jahren. Sie wurde von einem Tyrannosaurus rex verschlungen. Ich habe sie daher zu meinem Leidwesen nie persönlich kennengelernt.

Ich erinnere mich an Großvater Adam als einen kleinen, breitschulterigen Mann, dessen gesamter Körper von einem dichten grauen Fell überzogen war. Auffallend waren außerdem seine niedrige Stirn, prominente Überaugenwülste, ein negatives Kinn und eine tiefe Delle am Hinterkopf. Er sprach nur selten und langsam, vorwiegend waren es undeutliche Grunzlaute. Manchmal sprach er über seine ersten Eindrücke und Erlebnisse kurz nach seiner Erschaffung und diese Erzählungen faszinierten mich außerordentlich. Als ich gerade 133 Jahre jung war, berichtete er einmal in meiner Gegenwart ausführlich von dem Ereignis, das er den ersten „Big Bang" nannte. Er schilderte, wie ein göttliches Wesen ihn aus einem Erdklumpen erschuf und ihm den Lebenshauch in die Nase blies. Um das göttliche Wesen genau beschreiben zu können, fehlten Großvater die richtigen Worte. Er behauptete jedenfalls, dass die Gottheit unheimlich groß war, einen langen grünen Bart trug, mehrere funkelnde goldfarbene Augen besaß und ständig gewaltige Blitze um sich schleuderte. Als Adam schon nach wenigen Tagen geschlechtsreif wurde, entnahm ihm das Wesen – ganz ohne Lokalbetäubung – eine Rippe und formte aus ihr ein hässliches, langhaariges Etwas, das es Eva nannte.

Beide wurden danach unverzüglich in einer Feuer speienden Untertasse in ein Land, genannt Eden, gebracht.

Auf Eden herrschten für Großvater unverständliche Sitten und Verbote. Weder er noch das hässliche Etwas namens Eva, das zumal zwei eigenartige Fettpölster an der Vorderseite ihres Oberkörpers trug, durften bekleidet umherlaufen. Die Verpflegung ließ auch sehr zu wünschen übrig, denn es gab lediglich drei Mal täglich Manna (was immer das auch sein mag) und bitter schmeckendes, energetisiertes Gaga-Wasser aus dem Fluss Pischon, in den alle Abwässer des Gartens Eden abgeleitet wurden.

In Eden, inmitten des herrlichen Gartens, gab es auch einen Frucht tragenden Baum. Doch die goldenen Früchte des Baumes – ich glaube, man nannte sie Äpfel – waren für Adam und Eva tabu. Denn die seltsame Gottheit verbot, aus unerfindlichen Gründen, meinen Vorfahren, von den Früchten des Baumes zu essen.

Die Tage dort verliefen laut Adam sehr eintönig. Veränderungen jeglicher Art waren an diesem Ort unbekannt, denn es herrschte eine ewige öde Gleichförmigkeit. In Eden gab es keine Jahreszeiten, Sonne und Mond standen – gemeinsam und unbeweglich – im Zenit des Himmels. In diesem seltsamen Land hörte Adam niemals Kindergeschrei, noch war dort der Tod Bestandteil des Daseins. Kulturell war in Eden auch nichts los, sieht man vom Chor der Engel ab, der allerdings immer nur die gleichen heiligen Melodien zum Besten gab. Selbst die Jagd war an diesem Ort strengstens verboten, doch das spielte keine große Rolle, weil bis auf einen alten Wurm (oder war es eine Schlange?) Tiere in Eden niemals gesichtet wurden.

Adam und Eva verbrachten daher die endlos langen Tage schlafend unter einem Baum, wenn auch weit voneinander getrennt. Das lag daran, dass die Annäherungsversuche Evas – sie fummelte ständig an Adams Beinen herum – meinem Großvater unangenehm waren.

Eines Tages, als Adam fest schlief, näherte sich der Wurm Eva, sprach sie an und sagte: „Eva, so geht es nicht mehr weiter. Euer Leben ist langweilig und nutzlos, freudlos und grau in grau. Doch ich kenne einen Ausweg: Geh und pflücke eine goldene Frucht vom Baum inmitten von Garten Eden, verzehrt die Frucht und euer Leben wird eine Wende zum Guten nehmen. Vertraue mir, denn ich bin das weiseste Tier im gesamten Universum."

Eva, eingedenk des Verbotes, die goldenen Früchte des Baumes zu pflücken, wollte – aus Furcht vor Bestrafung – die schändliche Tat nicht selber durchführen. Daher weckte sie Adam auf und befahl ihm eine goldene Frucht vom Baum zu pflücken. Zunächst weigerte sich Adam standhaft, doch schließlich gab er dem Drängen Evas nach, zumal Eva ihm als Gegenleistung versprach, in Zukunft nicht mehr an ihm herumzufummeln. Gesagt, getan. Sogleich verzehrten beide gierig die goldene Frucht. Doch die Folgen ihrer Schandtat waren fürchterlich. Ein schrecklicher Sturm kam auf, Blitz und Donner hallten durch den Garten Eden, und die Stimme des göttlichen Wesens erfüllte das Universum. Adam und Eva hörten folgende Worte: „Adam und Eva, ich, der Herrscher des Universums, verbanne euch wegen Übertretung meiner heiligen Regeln aus dem Garten Eden. Ihr werdet in Zukunft wie alle anderen Tiere auf Erden leben, Not, Elend und Tod kennenlernen und du Eva wirst unter Schmerzen Kinder gebären. Als Gegenleistung sollst du – und das gilt auch für alle Zeiten für all deine weiblichen Nachkommen – den Mann beherrschen. Denn wisset: Wer von der Frucht des Baumes isst, dem wird meine eigene Unvollkommenheit bewusst, und das kann ich nicht dulden."

Es folgte ein fürchterlicher Knall – den Adam auch als „Zweiten Big Bang" bezeichnete – und beide verloren sogleich das Bewusstsein. Als sie aus ihrer Ohnmacht erwachten, befanden sie sich in einer düsteren Höhle am Fuße des heiligen Berges Carmel und zu ihrer großen Verwirrung waren sie nicht mehr nackt. Sogleich stürzte sich Eva auf Adam, entfernte erwartungsvoll seine Pelzhose und fummelte an seinen Oberschenkeln herum. Doch dieses Mal gefiel es Adam ... !

(Anmerkung der Redaktion: An dieser Stelle fehlt leider ein ganzes Fragment der Steintafel Nummer 2, sodass der Fortgang der Geschichte im Dunkeln bleibt.)

Textabschrift der Steintafel III

Mein Vater Henoch zeugte mich, als er gerade 65 Jahre alt wurde. Er war ein strenger, doch gerechter Mann, der mir jede Sünde verbot, besonders Wein, Weib und Gesang.

Als ich dreizehn Jahre alt wurde und meine Bar Mizwa feierte – also volljährig wurde –, durfte ich zum ersten Mal in meinem Leben einen Schluck Wein trinken und eine Jungfrau beglücken. Ihr Name war Fanny und sie stammte aus gutem Haus. Ihr Vater Mordechai war ein Priester des El Baal und als solcher für Menschenopfer zuständig. Ich sah sie danach nie wieder.

Meine Jugendtage verbrachte ich in der Familienhöhle am Berg Carmel. Im nahe gelegenen Haifa besuchte ich die beste Schule der Stadt, eine Jeschiwe, in der ich tagtäglich El Baal preisen musste. Im zarten Alter von vierzehn Jahren ehelichte ich meine Frau Nummer Eins, ihr Name ist mir leider entfallen. Aus dieser Ehe entstammten zwölf nichtsnutzige Söhne und eine große Zahl von Töchtern. Ich entsinne mich, dass die ganze Mischpoche, an einem kalten Wintertag, von einem hungrigen Drachen aufgefressen wurde. Danach erwarb ich nach und nach einige hundert Frauen aus bestem Geschlecht, manche von ihnen waren ganz passabel. Mit diesen Frauen hatte ich zahlreiche Kinder, doch meinen Lieblingssohn – Lamech – zeugte ich schon im zarten Alter von 187 Jahren (er war auch Adams Liebling, der damals 874 Jahre alt war). 182 Jahre danach gebar Lamechs Frau Nummer 450 meinen Enkelsohn Noah, von dem später noch die Rede sein wird.

Ich werde oft gefragt, wie es denn so ist, wenn man praktisch unsterblich ist. Darauf kann ich nur antworten: gar nicht so übel. Denn vieles in einem langen Leben machte Spaß. So vor allem die Dinosaurier-Jagd, Sex mit einer ganzen Schar junger, liebeshungriger Frauen, die Darbringung von Menschenopfern an Gott Baal und natürlich auch die tiefsinnigen Gespräche mit all unseren Gelehrten, Priestern, Homöopathen, Philosophen und Propheten. Auch ein gepflegtes Mahl im Kreise von Freunden nach einem Menschenopfer hat seinen Reiz. Ein knusprig gebratener menschlicher

Oberschenkel in Orangensauce ist eine wirkliche Delikatesse.

Doch so ein langes Leben hat auch seine Schattenseiten. Denn schmerzliche Verluste naher Angehöriger (ich habe unzählige Ehefrauen und Söhne verloren) sind der Preis, den ich immer wieder für mein langes Leben zahlen muss.

Textabschrift der Steintafel IV

Ich mache mir große Sorgen. Vielleicht bin ich nur ein altersschwacher Tattergreis, der Gespenster sieht, doch die dunklen Vorzeichen am Horizont sind nicht zu übersehen. Denn als sich die Menschen zu vermehren begannen, sahen die Gottessöhne (woher sie kamen, weiß ich nicht, manche berichten, dass sie von einem fernen Berg namens Olymp stammen), dass die Töchter, die den Menschen geboren wurden, sehr schön waren. Sie suchten sich die schönsten von ihnen aus, heirateten sie und zeugten mit ihnen Kinder. Diese Kinder wurden zu Riesen und sie wurden als große Helden von allen Menschen verehrt. Riesen und Menschen kümmern sich immer weniger um das, was Recht ist; ihr Denken und Handeln war durch und durch böse (*Anmerkung der Redaktion: siehe Genesis, Kapitel 6*). Deswegen befürchte ich, dass Gott Baal diesem abscheulichen Treiben bald ein Ende bereiten wird. Selbst mein Enkelsohn Noah, der ein braver, doch etwas einfältiger Mann ist, der dem Wein mehr als ihm gut tut zugetan ist, sprach kürzlich davon, dass ihm eine bislang unbekannte Gottheit das Ende der Menschheit und der gesamten Tierwelt vorhersagte. Angeblich befahl ihm die seltsame Gottheit eine Arche zu bauen, damit er und seine Familie den kommenden Weltuntergang überleben. Noah nimmt die Warnung sehr ernst, doch unsere gesamte Mischpoche macht sich über dessen Ankündigungen nur lustig. Ich weiß nicht, was ich von all dem halten soll.

Textabschrift der Steintafel V

Das Wetter schlägt um. Über den heiligen Berg Carmel hängen tiefschwarze, bedrohlich aussehende Wolken, aus denen eine wahre Sturzflut herabprasselt. Kleine Bäche werden langsam aber sicher zu reißenden Strömen, die alles verschlingen und das Wasser steigt unaufhörlich weiter an. Ich bin nun 969 Jahre auf Erden, doch ein solches Unwetter habe ich noch nie erlebt.

Als ich Noah zuletzt sah, berichtete er mir vom Bau einer Arche, die nach den Anweisungen des geheimnisvollen Gottes, der direkt zu ihm spricht, gebaut wird. Seit Wochen sind Noah und seine Söhne dabei, jeweils ein Paar von allen Tieren die auf Erden leben, einzusammeln. Das ist sicher kein einfaches Unterfangen, denn einige der Tiere – wie etwa Dinosaurier, Elefanten und Eisbären – sind äußerst wild und gefährlich. Andere Lebewesen hingegen – wie etwa Ameisen, Skorpione, Schlangen und Kolibris – sind klein und artenreich. Wie er diese Aufgabe bewältigen kann, ist mir ein Rätsel. Vielleicht ist er – nebbich – nur meschugge!

Ich werde mich jedenfalls an diesem unsinnigen Treiben nicht beteiligen und wir werden uns alle in unserer Wohnhöhle verschanzen ...

*Anmerkung der Redaktion: An dieser Stelle endet Me-
thusalems Botschaft. Bemerkenswert ist die Tatsache,
dass Noah laut Bibelbericht im Jahr der Sintflut genau
600 Jahre alt war. Bei dessen Geburt war sein Großvater Methusalem 369 Jahre alt. Da Methusalem laut
Bibel 969 Jahre alt wurde, ergibt sich daraus, dass Methusalem wahrscheinlich durch die Sintflut ums Leben
kam, was allerdings in der Bibel nicht speziell erwähnt
wird!*

Wonnen der Unsterblichkeit

„Die Unsterblichkeit ist nicht
jedermanns Sache."
(Johann Wolfgang von Goethe)

Diese Begebenheit erfuhr ich von einem alten Freund, dessen Namen ich – aus Gründen der Diskretion – nicht bekannt geben will. Selbst wenn ich ihn schon lange kenne und als nüchternen und zuverlässigen Menschen schätze, ist es mir nicht möglich, mich für den Wahrheitsgehalt seines Berichts zu verbürgen. Ich muss es daher meinen geschätzten Lesern überlassen, ihr Urteil über die Geschichte meines Freundes selbstständig zu fällen und will deswegen seinen – zugegebenermaßen fantastisch klingenden Bericht – kommentarlos wiedergeben.

Der erste April 2009 – ein Mittwoch – war ein heißer Frühlingstag, der erste Hitzetag des Jahres. An diesem Morgen saß ich an meinem Arbeitsplatz und versuchte mich auf die eintönige Büroarbeit zu konzentrieren, was mir aber wegen einer fehlenden Klimaanlage nicht gelang. Nach einer durchzechten Nacht fühlte ich mich müde und schlapp, außerdem schmerzte mich der Kopf, obwohl ich zwei Tabletten Aspirin zusammen

185

mit einem Schluck Whisky unmittelbar nach dem Aufwachen eingenommen hatte.

Ich gedachte daher, mich ein wenig zu entspannen und ein kurzes Vormittagsschläfchen zu halten. Die Gefahr, dass mich dabei jemand entdecken und zur Rede stellen würde, war gering, weil – wie ich feststellte – all meine Bürokollegen längst leise vor sich hin schnarchten – eine Kunst, die pragmatisierte österreichische Beamte perfekt beherrschen.

Ich hob daher meine müden, leicht angeschwollenen Beine auf den vor mir stehenden, mit unbearbeiteten Büroakten voll beladenen Arbeitstisch, lehnte mich zurück, schloss die Augen und nickte augenblicklich ein. Doch schon nach wenigen Minuten war es mit der Idylle vorbei. Das laute Summen einer fetten Fliege, die meinen Kopf umkreiste, riss mich aus sanften Träumen. Zunächst versuchte ich, das lästige Summen zu ignorieren, doch der Störenfried wurde immer lauter und unverschämter. Widerwillig öffnete ich meine Augen, fixierte die Fliege mit einem strengen und vorwurfsvollen Blick, doch zu meinem Leidwesen ignorierte das freche Insekt all meine pazifistischen Friedensbemühungen. Um endlich in Ruhe weiter schlafen zu können, entschloss ich mich, härtere Abwehrmaßnahmen zu ergreifen. Mit einer eingerollten Tageszeitung – es war die bei uns allen so beliebte und hochinformative *Kronenzeitung* – machte ich nun, zunächst erfolglos, Jagd auf das hässliche Insekt. Doch schon nach wenigen turbulenten Minuten, als sich der summende Störenfried erschöpft von der wilden Verfolgungsjagd auf die Fensterscheibe setzte, war die Stunde meines Triumphs gekommen. Ich holte zum entscheidenden Schlag aus, doch kurz bevor ich meine Keule auf die Fliege niedersausen lassen konnte, vernahm ich wie aus dem Nichts eine leise, zauberhaft Stimme, die zu mir sprach und mir Folgendes mitteilte: „Verehrter, schöner Fremder, halt ein mit deinen Vernichtungsbemühungen, denn ich bin, anders als du dir einbildest, keine hässliche und dicke Fliege, sondern in Wirklichkeit eine liebliche Fee. Wegen einer kleinen, verbotenen Liebesaffäre verwandelte mich ein böser Hexer in eine optisch abstoßende Fliege."

Zuerst traute ich meinen Ohren nicht und war davon überzeugt, weiterhin zu träumen. Folgerichtig zwickte ich mich kräftig in den rechten Arm und verspürte augenblicklich den aus dieser Handlung resultierenden Schmerz sehr deutlich. Es war also kein Traum! Daraufhin ließ ich meine Waffe fallen, trat nahe an die Fliege heran und betrachtete sie aus allernächster Distanz. Augenblicklich erkannte ich, dass ich mich tatsächlich zuvor getäuscht hatte. Es war in der Tat keine gewöhnliche Fliege, sondern ein Mischwesen aus Insekt und Fee, etwas, das ich bisher noch nie gesehen hatte.

Dann vernahm ich wieder die liebliche Stimme der Fee, die zu mir sprach: „Du holder Jüngling hast die Macht, mich, die unglückliche Fee Nummer EMC^2, glücklich zu machen, indem du mir gestattest, dir zwei deiner größten Wünsche zu erfüllen; erst dann werde ich Erlösung finden."

Schlau wie ich bin, dachte ich mir, dass ich so eine Chance in meinem ganzen Leben nie wieder erhalten werde und ging sogleich all meine geheimen Wünsche im Geiste durch. Ich dachte an großen Reichtum, gewaltige sexuelle Potenz, einen eigenen Harem, die Position eines Senators auf Lebenszeit in Rom, einen Flug zum Mars und zurück und die Intelligenz eines Albert

Einstein. Doch all meine bisher streng geheimen Wünsche erschienen mir schlagartig viel zu banal. Ich wollte noch mehr! Plötzlich kam mir ein erlösender und verwegener Gedanke. Warum nicht die Unsterblichkeit erbitten? Ich sprach also zur Fee und teilte ihr mit, dass mein größter Wunsch es sei, durch sie die Unsterblichkeit zu erlangen.

Die Fee erbleichte – soweit man bei Fliegen ein Erbleichen überhaupt erkennen kann –, als sie meinen Wunsch vernahm und antwortete mir mit leiser, kaum hörbarer Stimme. Sie sagte: „Ich fürchte, dass dein Bestreben töricht ist, doch wenn du auf diesem Wunsch bestehst, dann muss ich deiner Forderung nachgeben, doch zunächst teile mir deinen zweiten Wunsch mit."

Schlau wie ich bin, erklärte ich der Fee, dass ich ihr meinen Wunsch Nummer zwei erst nach Erfüllung meines ersten Wunsches bekannt geben werde, daran sei nicht zu rütteln!

Als die Fee meine Worte vernahm, erbleichte sie noch mehr und antwortete mit matter Stimme: „Wohlan, ich beuge mich der rohen Gewalt, doch ob du mit deinem Wunsch glücklich werden wirst, bezweifele ich sehr und auch meine Erlösung rückt somit in weite Ferne."

Gleich nach Beendigung ihrer kleinen Ansprache erhöhte sie die Schlagfrequenz ihrer Flügel, hob elegant vom Fensterbrett ab und umkreiste dreimal mein Haupt. Ich folgte ihren Kreisbewegungen mit den Augen und wurde dabei seltsamerweise leicht schwindlig. Dann vernahm ich einen lauten Knall und als ich die Augen wieder öffnete war die Fee verschwunden. Leicht verwirrt begab ich mich zurück zu meinem

Schreibtisch, setzte mich hin, hob die Füße auf die Tischplatte und holte den Schlaf der Gerechten nach.

Es war ein kurzer, doch erquickender Schlaf und als ich erwachte, bemerkte ich erfreut, dass all meine Arbeitskollegen immer noch dahindösten und vom peinlichen Vorfall mit der Fliege nichts mitbekommen hatten. Der Alltag hatte mich wieder.

Die folgenden 20 Jahre bis zu meiner Frühpensionierung vergingen in ewiger Eintönigkeit. Die Tage verschlief ich – unkündbar – im Büro und die meisten Nächte verbrachte ich mit guten Freunden im Trubel des nächtlichen Wien. In all den Jahren dachte ich gelegentlich an die Fee und ihr Versprechen, doch ich hatte bisher keinen Anlass, an das versprochene Wunder zu glauben.

Zur Feier meiner Frühpensionierung buchte ich im Jahr 2029 einen Charterflug auf die Malediven, die ich schon immer kennenlernen wollte. Über dem Indischen Ozean – wir befanden uns gerade in 12.000 Metern Flughöhe – explodierte die überalterte russische Charter-Maschine und stürzte ins Meer. Dabei wurde ich aus dem brennenden Flugzeug ins Freie geschleudert und landete, zu meiner eigenen Überraschung, sanft an Deck eines vorbeifahrenden Luxusdampfers. Ich war der einzige Überlebende der Flugzeugkatastrophe.

Diese wundersame Rettung machte mich weltberühmt und reich. Alle wichtigen Zeitungen der Erde berichteten wochenlang über „das Wunder am Indischen Ozean" und so wurde ich zum gerngesehenen Ehrengast aller wichtigen internationalen und österreichischen Events. Ich erhielt sogar eine Einladung zum Wiener Staatsopernball als Ehrengast von Direktor

Mörtel. Selbst der Papst bat mich, ihn im Vatikan zu besuchen. Doch diese Einladung musste ich, wegen Terminkollisionen um ein Jahr verschieben.

Selbstverständlich wurde ich auch zum begehrtesten Junggesellen meiner Heimatstadt und wenig später heiratete ich eine jugendliche, sehr vermögende Baronin, mit der ich drei Kinder zeugte.

Es vergingen weitere 30 glückliche Jahre und bald feierte ich im Kreise meiner Familie meinen hundertsten Geburtstag bei bester Gesundheit. Zu meinem Leidwesen, konnte ich all die alten Freunde nicht zur Feier einladen, da sie alle lange tot waren.

Nach weiteren 70 Jahren – ich war schon längst Ehrenbürger von Wien und als medizinische Sensation weltbekannt – waren auch meine einst so jugendliche Frau und unsere drei Kinder verstorben. Das war natürlich traurig, doch ich tröstete mich bald mit vier neuen Ehefrauen. Das war deswegen möglich, weil zu diesem Zeitpunkt die Nachkommen des Propheten längst die Macht in Europa übernommen hatten und sämtliche Ungläubigen – all diejenigen, die nicht zum einzig wahren Glauben konvertieren wollten – steinigen ließen.

Im Jahr 2159 geschah das Unvorstellbare. Ein gewaltiger Komet schlug auf der Erde ein und löschte innerhalb von Sekunden sämtliches intelligente Leben auf Erden aus. Wie es scheint, war ich der einzige menschliche Überlebende dieser Katastrophe und außerdem völlig unversehrt.

In den folgenden Monaten, Jahren und Jahrhunderten irrte ich unglücklich, einsam und ziellos umher, stets auf der Suche nach menschlichem Leben, doch ohne den geringsten Erfolg. Durch den Glashauseffekt, verursacht durch riesige Staubwolken in der Atmosphäre, erwärmte sich die Erde nach und nach. Alte Lebensformen verschwanden von der Erdoberfläche und neue Pflanzen- und Tierarten besiedelten den einst blauen Planeten.

Während der langen und ziellosen Wanderschaft über Steppen, Berge und endlose Wüsten – die einst blau schimmernde und lebenserfüllte Ozeane waren – fühlte ich weder Hitze und Kälte, noch Schmerz, Hunger oder Durst. Mein Körper funktionierte automatisch und absolut perfekt, genauso wie man es von einem unsterblichen Organismus erwarten darf. Deswegen benötigte ich auch weder Kleidung, noch Speise oder Trank. Glücklicherweise hörten, auf wundersame Weise, meine Nägel und Haare auf zu wachsen, ein Umstand, der mich davor bewahrte über wildwuchernde Keratinausstülpungen des eigenen Körpers ständig zu stolpern.

Ich wurde Augenzeuge von Überschwemmungen, Erdbeben, Sandstürmen, weiteren katastrophalen Asteroideinschlägen und gewaltigen klimatischen und geologischen Veränderungen. Doch all das konnte mir, den Unsterblichen, nichts anhaben. Mehrmals wurde ich auch von aggressiven und gefräßigen tierischen Räubern – es waren dinosaurierähnliche Tiere, die sich offensichtlich aus Raubvögeln entwickelt hatten – angefallen, gelegentlich sogar verschlungen, um später wieder, unverdaut und unverletzt, auf natürlichem Weg wieder ausgeschieden zu werden.

So vergingen weitere Jahrtausende und Jahrmillionen. In meiner Verzweiflung rief ich immer wieder laut nach der an meinem Unglück schuldigen Fee, doch sie meldete sich nicht – vielleicht, weil ich ihren Namen vergessen hatte.

Doch nicht nur die Erde veränderte sich über fast unendliche Zeiträume, auch an der Sonne ging die Zeit nicht spurlos vorbei. Langsam aber sicher gingen ihre Wasserstoffvorräte zur Neige und 9,6 Milliarden Jahren nach ihrer Geburt kam eines Tages der Moment, an dem nur noch Heliumkerne – Überreste der einstigen Wasserstoff-Fusion – im Inneren der Sonne lagerten. Die Temperatur im Sonnenkern fing an abzusinken und fiel zunächst unter zehn Millionen Grad Celsius. Dann begann sich, unter dem Einfluss der Eigengravitation, der Sonnenkern zusammenzuziehen, was ein Ansteigen des Innendruckes und der Temperatur bewirkte und schließlich zum Ingangsetzen einer alternativen Energieproduktion führte. Durch diese nun einsetzende Heliumfusion entstanden bald immer mehr Kohlenstoff- und Sauerstoffatome. Die gezündete Heliumfusion verlangsamte den Kollaps der Sonne und ermöglichte ihr, noch weitere zwei Milliarden Jahre Energie zu produzieren.

Doch gleichzeitig begann die Schwerkraft des Gestirns langsam nachzulassen. Die Sonnenatmosphäre fing an, sich auszudehnen, und aus dem einst bescheidenen und kleinen gelben Stern wurde ein aufgeblähter Roter Riese.

Die Gluthitze der expandierenden Sonne erfasste schnell die Planeten Merkur und Venus, die bald verdampften und auf der Erde begannen die Temperaturen bedrohlich anzusteigen. Mit der weiteren Ausdehnung der unruhigen Sonne und dem Ansteigen der Temperaturen ging alsbald die gesamte irdische Vegetation in Flammen auf und sämtliches organisches Material verbrannte zu Asche.

Nach weiteren trostlosen 100.000 Jahren stieg die Temperatur so weit an, dass nun auch das irdische Gestein zu schmelzen begann und riesige Lavaströme ergossen sich von den höchsten noch vorhandenen Bergen in die trockenen Ebenen einstiger Ozeane. Und aus den Eingeweiden der immer noch expandierenden Sonne fegte ein schrecklicher, alles verzehrender Wind, der schließlich den Planeten Erde sich zum Großteil verflüchtigen ließ.

Schließlich wurde aus der einst gelben Sonne ein Weißer Zwerg, mit einem Durchmesser der ehemaligen Erde und einer gewaltigen Materiedichte. Der weiße Zwerg überlebte noch einige Milliarden Jahre unverändert, um schließlich in das leblose, ereignislose Endstadium eines schwarzen Zwerges überzugehen.

All die hier beschriebenen Entwicklungsphasen der Sonne, mitsamt ihren verheerenden Auswirkungen auf das gesamte Planetensystem, erlebte ich – der Unsterbliche – im Laufe von Jahrmilliarden.

Und als eines Tages der gesamte Planet Erde verdampfte, schwebte ich – angetrieben vom enormen Druck der Sonnenwinde – schwerelos im annähernd absoluten Vakuum, durch ein ewig expandierendes, immer kälter werdendes Universum, dessen Dichte – von weniger als 10 Atomen je Kubikmeter – zu gering war, um einen Umkehrprozess einzuleiten.

So wurde ich Zeuge eines fast unendlich lang dauernden Prozesses, der mit dem Zerfall aller Materie, auch der Sterne, enden sollte.

Nach dem Ende der Zerfalls-Ära der Sterne – dieser Prozess dauerte ungefähr bis zum Jahre 10 hoch 46 seit der Geburt des Universums –, befanden sich nur noch weiße und braune Zwerge, Neutronensterne und schwarze Löcher im jetzt noch schwach leuchtenden Weltall, in dem gelegentlich helle Blitze, nach Kollisionen einiger weniger Sternruinen, kurzfristig aufleuchteten.

Schließlich blieben, ausnahmslos unsichtbare, gigantische Schwarze Löcher übrig, deren Materie (durch sehr langsame Energieabgabe infolge von Quantendefekten) eines Tages ebenfalls zerfiel und in Strahlung überging. Dieser Prozess dauerte bis zum Jahre 10 hoch 70 seit dem Urknall – und somit 100 Trillionen mal Trillionen Jahre. Danach folgte die „Dunkle Ära" des Universums, eine Zeit, in der nur noch extrem langwellige elektromagnetische Strahlung, einige Elektronen, Positronen und Neutrinos, in absoluter Dunkelheit, bei Temperaturen um den absoluten Gefrierpunkt existierten.

Durch dieses absolut tote und dunkle Universum schwebte ich – der Unsterbliche – immer noch lebendig, doch geistig längst abgestumpft und tief unglücklich über einen Zeitraum, der weder mit Worten noch Zahlen beschrieben werden kann. Es vergingen weitere Septillionen – 10 hoch 24 – Jahre in vollkommener Dunkelheit und Einsamkeit und all das, was ich einst als Weltall kannte, existierte schon lange nicht mehr. Ein neues Universum konnte, aus Mangel an genügend Materie, nicht mehr geboren werden.

Doch eines „Tages" – ein sicherlich unpassender Ausdruck in einem dunklen, kalten, lautlosen und toten Vakuum –, es war das Jahr 10 hoch 93 seit dem kläglichen Ende der Menschheit, erwachte ich für kurze Zeit aus meinem Dämmerzustand und überlegte, wie ich meiner Unsterblichkeit ein Ende setzen könnte. Zunächst fiel mir – wie seit unendlichen Zeiten – kein möglicher Ausweg ein, doch dann erinnerte ich mich plötzlich an den Namen der Fee, die mich zum Unsterblichen machte und sogleich schrie laut nach Fee Nummer EMC^2.

Es vergingen nur Sekunden, bis ich das vertraute Summen einer Fliege, die meinen Kopf umkreiste, vernahm. Ich flehte sie sogleich an, meinen längst fälligen zweiten Wunsch zu erfüllen und bat sie inständig, mich in das irdische Jahr 2009, genau genommen den ersten April dieses Jahres zurückzuversetzen.

Mit der Erfüllung dieses Wunsches wurden wir beide, Fee Nummer EMC^2 und ich, der einst Unsterbliche, von unseren Qualen erlöst.

Und dann fügte mein Freund noch hinzu: „Falls du jemals eine Fee erblickst und sie dir einen Wunsch gewährt, dann wünsch dir alles, nur nicht die Unsterblichkeit."

Epilog

Aberglaube in Zahlen

> Ob eine schwarze Katze Glück
> oder Unglück bringt, hängt davon
> ab, ob man eine Maus oder ein
> Mensch ist. (Max O'Rell)

> Je weniger Aberglaube, desto
> weniger Fantasien, und je weniger
> Fantasien, desto weniger Unheil.
> (Voltaire)

Aberglaube aller Art ist, selbst im 21. Jahrhundert, immer noch überall weit verbreitet. Das zeigen alle Umfragen der vergangenen Jahre. In einer Studie vom April 2005 zeigt das Allensbacher Institut, dass 36 bis 42 % der Befragten an vierblättrigen Klee, Sternschnuppen und Rauchfangkehrer als Glücksbringer glauben. Der Glaube an magischen Zahlen ist ebenfalls weit verbreitet, 20 bis 30 % der Menschen sind davon überzeugt und 13 % der Interviewten meinen, dass die Begegnung mit schwarzen Katzen Unglück bringe. FORSA-Umfragen aus den Jahren 2003 und 2005 und eine YouGov-Befragung aus dem Jahr 2006 zeigen, dass 58 % der Frauen und 41 % der Männer in Deutschland an Schutzengel und bis zu 88 % der Befragte an das

Märchen vom Mondeinfluss auf den Schlaf glauben. Eine Umfrage der orthopädischen Universitätsklinik München deckte auf, dass rund 66 % ihrer Patienten überzeugt sind, dass es einen Zusammenhang zwischen Mondphasen und dem Ergebnis von Operationen gibt. Allerdings beweisen alle diesbezüglich unternommenen Studien klar, dass es derartige Zusammenhänge nicht gibt. Auch der Glaube an die Macht der Sterne ist weit verbreitet. Laut IMAS-Marktforschungsinstitut (2017) sind 20 % der Menschen fest davon überzeugt, dass Astrologie richtige Aussagen trifft und 33 % meinen, dass an der Astrologie „etwas Wahres dran sein könnte". Unter Meinungsraum.at liest man, dass sogar 58 % der Wiener an einen Zusammenhang zwischen Sternzeichen und Charakter von Menschen glauben.

Der Glaube an Wunder und paranormale Fähigkeiten ist in unserer Kultur ebenso verankert. Laut einer Umfrage des Meinungsforschungsinstituts Emnid in Deutschland glauben 57 % der Deutschen an Hellseherei, 43 % glauben an persönliche Schutzengel, 42 % an magische Kräfte und 33 % an die Wirksamkeit von Flüchen. Eine neuere Umfrage aus dem Jahr 2019, durchgeführt vom Marktforschungsinstitut Spektra, zeigt Folgendes: An Telepathie glauben 28% der Befragten, an Wunderheilungen 27 %, an Handauflegen und Energieübertragung 26 % und an übersinnliche Wahrnehmung ebenfalls 26 %, wobei Frauen häufiger als Männer wundergläubig sind. Umfragen zur Homöopathie zeigen, dass im Jahr 2021 zwischen 33 % (GWUP) und 43 % (Forsa) der Deutschen an ihre Wirksamkeit glauben.

All diese Umfragen zeigen, wie sehr, selbst in Europa des 21. Jahrhunderts, Aberglaube, Wunschdenken, die Sehnsucht nach dem Übernatürlichen und Wunderheilungen, verbreitet sind. Sie erklären auch, weswegen Esoteriker aller Fraktionen – selbst im Bereich der Medizin – ein leichtes Spiel mit der Leichtgläubigkeit von weiten Teilen der Bevölkerung haben. Es wundert daher auch nicht, wie viel Geld mit Esoterik und Scharlatanerie verdient werden kann. Der Umsatz der Esoterikindustrie allein in Deutschland liegt derzeit bei geschätzten 15 bis 20 Milliarden Euro jährlich. Offensichtlich ein lohnendes Geschäft.

Meine lieben Leser und Leserinnen,
Vielleicht lohnt es sich eine Blitzausbildung in „Energetik" zu machen. Ausbildungsangebote gibt es in allen größeren Städten, selbst bei der WIFI Wien (Wirtschaftsförderungsinstitut).

Die Preisspanne für die Belegung derartiger Kurse schwankt zwischen 360 und 4500 Euro. Ein gutes Einkommen, bei geringen Eigenkosten, wäre somit allen Interessenten gesichert. Ebenso ein sicherer Platz im Paradies!

Theodor Much

Theodor Much / Edmund Berndt

Geschäfte mit dem Nichts

Risiko Scheinmedizin

Mit Beiträgen von Edzard Ernst

166 Seiten, kartoniert, Euro 16.-

ISBN 978-3-86569-339-6

In Europa galt bis zur Aufklärung als sicher, dass „geistige" Kräfte für das Leben und für die Gesundheit entscheidend seien. Mit dem wachsenden Wissen über körperliche Prozesse wurde solchen Konzepten eigentlich die Grundlage entzogen. Doch die falschen Vorstellungen von Gesundsein und Krankwerden verschwanden nicht mit ihrer Widerlegung, sondern lebten in der Medizin, insbesondere aber in der Alternativmedizin, fort. Geschäfte mit dem Nichts entschleiert die falschen Konzepte alternativmedizinischer Ansätze. Die Autoren fragen nach den Gründen, warum auf längst widerlegten anatomischen oder physiologischen Vorstellungen basierende Therapien immer noch nachgefragt werden. Sie erläutern, warum manchmal eine Besserung zu beobachten ist, obwohl sich für das Heilmittel keine Wirkung nachweisen lässt. Sie zeigen, dass nicht jede Studie aussagekräftig ist. Und sie kritisieren das Geschäft mit den Hoffnungen der Patienten.

Alibri Verlag, Fon (06021) 62 62 560, www.alibri.de